铁路干部职工
刑事法律风险防范警示案例

《铁路干部职工刑事法律风险防范警示案例》编委会◎著

中国铁道出版社有限公司
CHINA RAILWAY PUBLISHING HOUSE CO., LTD.

前言

近年来，国铁集团认真贯彻落实中央关于全面依法治国的决策部署，深入推进依法治企，形成了尊法学法守法用法的浓厚氛围。但在生产生活中，个别干部职工违法违规现象仍有存在。为进一步提高铁路干部职工法律意识，强化警示教育，预防违法犯罪行为，我们组织专业人员，编写了《铁路干部职工刑事法律风险防范警示案例》一书。

本书以《中华人民共和国刑法》为依据，以案例形式，简明扼要介绍刑法法律知识。在内容安排上，按刑法分则对刑事犯罪罪名分类，收集了六类常见犯罪，包括：危害公共安全罪，破坏社会主义市场经济秩序罪，侵害公民人身权利、民主权利罪，侵犯财产罪，妨害社会管理秩序罪和贪污贿赂罪。在编写方式上，每一个案例均由漫画插图、案例、法院判决、法律规定、条文理解、警示六部分内容组成，以文字描述加漫画插图形式编写，力求把抽象的法律规则和术语变为通俗易懂的知识，通过生动的案例以案说法，让铁路干部职工看得明白、学得透彻。

铁路干部职工要深入贯彻习近平法治思想，积极学法用法，认真学习《铁路干部职工刑事法律风险防范警示案例》，切实增强法律意识和法治观念，强化规则思维和底线思维，切实做到依法管理、依法办事，大力提升依法治企水平，为打造法治国铁作出新的努力，为交通强国铁路先行作出新的贡献。

本书编委会

2021年4月

目　录

目　录

第一部分

危害公共安全罪

一、放火罪

案例

W 某原系某铁路局某工务段职工。2014 年 12 月某日 W 某酒后独自一人在家中，因家庭琐事用打火机点燃一块纱布扔至卧室床上导致起火，火势蔓延，祸及邻居。其邻居报警，119 消防人员将火扑灭。110 民警到达现场后，W 某持刀对民警挥舞，民警鸣枪示警，家住低层的 W 某跳窗逃跑后被抓获。案发后，W 某家属与邻居就放火造成的损失达成和解协议，邻居对其放火行为予以谅解。

法院判决

W某酒后在自己家中放火并造成其邻居损失，已经危害公共安全，其行为构成放火罪。因其案发后认罪态度和取保候审期间表现较好，且积极赔偿邻居损失并得到邻居谅解，可从轻处罚，人民法院判决被告人W某犯放火罪，判处有期徒刑三年，缓刑四年。

法律规定

《中华人民共和国刑法》(以下简称《刑法》)第一百一十四条放火罪规定，放火、决水、爆炸以及投放毒害性、放射性、传染病病原体等物质或者以其他危险方法危害公共安全，尚未造成严重后果的，处三年以上十年以下有期徒刑。

《刑法》第一百一十五条放火罪规定，放火、决水、爆炸以及投放毒害性、放射性、传染病病原体等物质或者以其他危险方法致人重伤、死亡或者使公私财产遭受重大损失的，处十年以上有期徒刑、无期徒刑或者死刑。

失火罪规定，过失犯前款罪的，处三年以上七年以下有期徒刑；情节较轻的，处三年以下有期徒刑或者拘役。

条文理解

放火罪是指故意放火焚烧公私财物，危害公共安全的行为，是一种故意犯罪。放火危害公共安全，一般包括三种情况：一是危及不特定的多数人的生命、健康的安全；二是危及重大公私财产的安全；三是既危及不特定的多数人的生命、健康安全，同时又危及重大公私财产的安全。“尚未造成严重后果”包括两种情况：一是放火行为没有造成任何实际损害后果；二是放火行为造成了一定的实际损害后果，但并不严重。本罪为行为犯，一旦实施了危害公共安全的放火行为，不管是否产生严重后果，均以本罪论处。

放火罪引起社会危害较大，是较为常见的严重刑事犯罪之一。对放火罪的处罚普遍较重。

工作生活中，难免有不如意之事，我们应选择正确的方式进行心理疏导，切不可通过伤害他人或危害公共安全的途径来发泄，更万万不可用放火来寻求刺激，要知道：玩火者，必自焚！

二、破坏交通设施罪

案例

K 某原系某铁路局某工务段职工。2014 年 4 月某日一辆旅客列车发生脱线，致使机车及机后 1、6 位车厢脱轨，2、3、4、5 位车厢颠覆，其中 1 人轻伤，6 人轻微伤，直接经济损失人民币 413.3 万元，中断铁路行车 15 小时 25 分钟。公安机关经侦查发现 K 某有重大作案嫌疑，于案发当日依法将其传唤。K 某如实供认了犯罪事实：K 某于 2008 年 11 月至 2011 年 11 月间曾任某铁路局某工务段某车间某工区工长，2011 年 11 月 28 日被某工务段免职，调整至某车间另一工区任班长。K 某对此心怀不满，产生了通过拆卸钢轨致列车脱线造成事故而引起上级部门、社会和相关领导关注的想法。4 月某日 K 某对事先选定的上行方向右侧 35 号钢轨进行拆卸，导致途经此处的旅客列车脱线。

法院判决

K 某系初次犯罪，能够积极赔偿附带民事诉讼原告人部分经济损失，归案后能够如实供述犯罪。人民法院判决被告人 K 某犯破坏交通设施罪，判处有期徒刑十五年，剥夺政治权利三年，赔偿附带民事诉讼原告某铁路局经济损失人民币 413.3 万元。

法律规定

《刑法》第一百一十九条破坏交通设施罪规定，破坏交通工具、交通设施、电力设备、燃气设备、易燃易爆设备，造成严重后果的，处十年以上有期徒刑、无期徒刑或者死刑。

过失犯前款罪的，处三年以上七年以下有期徒刑；情节较轻的，处三年以下有期徒刑或者拘役。

条文理解

破坏交通设施罪，是指故意破坏轨道、桥梁、隧道、公路、机场、航道、灯塔、标志或者进行其他破坏活动，足以使火车、汽车、电车、船只、航空器发生倾覆、毁坏危险，足以危害公共安全的行为。这是一种以交通设备为特定破坏对象的危害公共安全犯罪。

所谓破坏是指对交通设备的毁坏或使交通设备丧失正常功能。被破坏的交通设备必须是正在使用的，因为只有破坏正在使用的交通设备才可能危害交通运输安全。如果破坏的是正在修筑的或者已经废弃的交通设施，则不构成本罪。

破坏交通设施罪有如下特点。

1. 交通设施的对象范围广泛，具体有以下五种情形：一是正在使用的铁路干线、支线、地方铁路、专用铁路线路、地下铁路和随时可能投入使用的备用线以及线路上的隧道、折梁和用于指示车辆行驶的信号标志等；二是用于公路运输的公路干线及支线，包括高速公路、国道、省道、地方公路以及线路上的隧道、桥梁、信号和重要标志等；三是用于飞机起落的军用机场、民用机场的跑道、停机坪以及用于指挥飞机起落的指挥系统，用于导航的灯塔、标志等；四是用于船只航行的内河、内湖航道，我国领海内的海运航道、导航标志和灯塔等；五是用于运输、旅游、森林采伐的空中索道及设施等。

2. 行为人的破坏行为必须足以使火车、汽车、电车、船只、航空器发生倾覆、毁坏的危险。只要行为人的破坏行为可能使得交通设施发生倾覆、毁坏的危险即构成本罪，并不要求倾覆、毁坏已经实际发生。

3. 破坏交通设备有多种行为表现方式。如炸毁铁轨、桥梁、隧道，拔除铁轨道钉，抽掉枕木，拧松或拆卸夹板螺丝，破坏公路路基，堵塞航道，在公路、机场路道上挖掘坑穴，拆毁或挪动灯塔、航标等安全标志等均属于破坏交通设备的行为。其他诸如在铁轨上放置石块、涂抹机油等虽未直接破坏上述交通设备，但其行为本身同样可以造成交通工具发生倾覆、毁坏的危险，也属破坏交通设备的表现形式。

警　示

K某被工务段免职后调整岗位，未查找自身不足、正视差距、提高自身能力，反而为泄私愤精心设计并实施了一起“较大事故”。情绪是一种非理性因素，如果被情绪主宰，人在冲动之下会做出很多错误行为。作为一名铁路职工，一个重要的方面就是要有情绪自控力，在察觉到自身的负面情绪时，要有意识地合理疏导、调节，变消极为积极，守住“底线”；极端报复，损坏公私财物的愚蠢行为，不仅导致身陷囹圄，也毁了自己的一生。

三、交通肇事罪

案例一

Z某原系某铁路局某车站职工。2013年9月某日，Z某骑电动自行车上班途中撞倒一名行人后逃离现场。被撞行人经开颅手术等治疗后死亡，经鉴定，死亡系头部外伤合并重度颅脑损伤造成。公安机关出具的道路交通事故认定书认定：Z某负该事故的全部责任。后Z某在单位被公安机关抓获。案件审理期间，Z某与被害人家属达成协议，赔偿各项经济损失共计人民币 35 万元。

法院判决

Z 某违反交通运输管理法规，发生重大事故致一人死亡，且肇事后逃逸，构成交通肇事罪。到案后 Z 某积极赔偿被害人经济损失，得到被害人家属谅解，且认罪态度较好，有悔罪表现，可从轻处罚。人民法院判决被告人 Z 某犯交通肇事罪，判处有期徒刑三年，缓刑四年。

法律规定

《刑法》第一百三十三条交通肇事罪规定，违反交通运输管理法规，因而发生重大事故，致人重伤、死亡或者使公私财产遭受重大损失的，处三年以下有期徒刑或者拘役；交通运输肇事后逃逸或者有其他特别恶劣情节的，处三年以上七年以下有期徒刑；因逃逸致人死亡的，处七年以上有期徒刑。

条文理解

根据《最高人民法院关于审理交通肇事刑事案件具体应用法律若干问题的解释》（法释〔2000〕33 号）规定，从事交通运输人员或者非交通运输人员，违反交通运输管理法规发生重大交通事故，在分清事故责任的基础上，对于构成犯罪的，依照刑法第一百三十三条交通肇事罪的规定定罪处罚。

交通肇事具有下列情形之一的，处三年以下有期徒刑或者拘役：（一）死亡一人或者重伤三人以上，负事故全部或者主要责任的；（二）死亡三人以上，负事故同等责任的；（三）造成公共财产或者他人财产直接损失，负事故全部或者主要责任，无能力赔偿数额在 30 万元以上的。

交通肇事致一人以上重伤，负事故全部或者主要责任，并具有下列情形之一的，以交通肇事罪定罪处罚：（一）酒后、吸食毒品后驾驶机动车辆的；（二）无驾驶资格驾驶机动车辆的；（三）明知是安全装置不全或者安全机件失灵的机动车辆而驾驶的；（四）明知是无牌证或者已报废的机动车辆而驾驶的；（五）严重超载驾驶的；（六）为逃避法律追究逃离事故现场的。

“其他特别恶劣情节”是指具有下列情形之一：（一）死亡二人以上或者重伤五人以上，负事故全部或者主要责任；（二）死亡六人以上，负事故同等责任的；（三）造成公共财产或者他人财产直接损失，负事故全部或主要责任，无能力赔偿数额在60万元以上的。

交通运输肇事后逃逸，是指行为人在发生交通事故后，为逃避法律追究而逃跑的行为。行为人在交通肇事后为逃避法律追究，将被害人带离事故现场后隐藏或者遗弃，致使被害人无法得到救助而死亡或者严重残疾的，应当分别依照刑法规定，以故意杀人罪或者故意伤害罪定罪处罚。

交通肇事逃逸不仅逃避不了法律的严惩，更要承受来自良心和道德的谴责。为了创建文明和谐的交通环境，确保自己及他人的生命健康，我们都应自觉遵守交通法规。切莫心存侥幸，知法犯法！

案例二

L某原系某铁路局职工。2016年11月某日，L某与同事聚餐后驾驶小型越野客车离开，行驶至某交叉路口时，因观察瞭望不够、采取措施不当，与被害人J某驾驶的人力三轮车相撞，造成J某死亡。事发后L某逃离现场，后其向公安机关投案自首，经检测其血液中乙醇含量为220.067毫克/100毫升，达到醉酒标准，负事故全部责任。案发后，L某与J某家属达成和解，赔偿J某家属经济损失共计人民币68万元。

法院判决

L某醉酒后违反交通运输管理法规，驾驶机动车辆上路行驶，致一人死亡，后驾车逃逸，负事故的全部责任，其行为已构成交通肇事罪。L某案发后主动向公安机关投案，庭审中如实供认犯罪，系自首；积极赔偿被害人家属全部损失并取得其谅解，被害人家属及被告人所在单位均出具对其从轻处罚的请求书。被告人真诚悔过，确有悔改表现，可从轻处罚，人民法院判决被告人L某犯交通肇事罪，判处有期徒刑三年，缓刑五年。

法律规定

《刑法》第一百三十三条交通肇事罪规定，违反交通运输管理法规，因而发生重大事故，致人重伤、死亡或者使公私财产遭受重大损失的，处三年以下有期徒刑或者拘役；交通运输肇事后逃逸或者有其他特别恶劣情节的，处三年以上七年以下有期徒刑；因逃逸致人死亡的，处七年以上有期徒刑。

《刑法》第六十七条自首规定，犯罪以后自动投案，如实供述自己的罪行的，是自首。对于自首的犯罪分子，可以从轻或者减轻处罚。其中，犯罪较轻的，可以免除处罚。

被采取强制措施的犯罪嫌疑人、被告人和正在服刑的罪犯，如实供述司法机关还未掌握的本人其他罪行的，以自首论。

犯罪嫌疑人虽不具有前两款规定的自首情节，但是如实供述自己罪行的，可以从轻处罚；因其如实供述自己罪行，避免特别严重后果发生的，可以减轻处罚。

条文理解

关于醉酒的标准，按照最高人民法院《关于办理醉酒驾驶机动车刑事案件适用法律若干问题的意见》（法发〔2013〕15号），在道路上驾驶机动车，血液酒精含量达到80毫克/100毫升以上的，属于醉酒驾驶机动车，以危险驾驶罪定罪处罚。

关于自首的成立条件，主要是对“自动投案”和“如实供述”的认定。(一)自动投案。要求在犯罪后尚未归案时，向司法机关、非司法机关、有关个人投案，将自己主动置于司法机关控制之下。在犯罪过程中、犯罪事实未被发觉、犯罪事实已经被发觉但未发现犯罪嫌疑人、犯罪事实和犯罪嫌疑人都已被发现但对犯罪嫌疑人尚未发布强制措施命令前主动投案，都是主动投案。(二)如实供述。供述时供述内容和犯罪人主观记忆相符，和客观犯罪事实基本相符；供述主要犯罪事实，而不要求供述全部犯罪事实；合理辩解不影响对如实供述的认定。

喝入几口美酒，流出无数血泪。饮酒后驾车，酒精的麻醉作用会降低人的触觉能力、判断能力、操作能力，往往无法正常控制油门、刹车和方向盘，眼、手、脚配合功能发生障碍，视像不稳、辨色能力下降，极易发生安全事故。如本案中，L某违反交通管理法规醉酒后驾驶机动车，造成他人死亡，不仅给被害人家属造成失去亲人的痛苦，也给自己的家庭带来沉重的经济负担，其本人被单位解除劳动合同，终身禁驾。广大驾驶人应当牢记：饮酒后切忌驾驶车辆！不要抱有侥幸心理而造成不可挽回的悲剧。

四、危险驾驶罪

案例

L 某原系某铁路局某机务段职工。2017 年 12 月，L 某酒后无证驾驶无牌号轻便两轮摩托车在道路上行驶时将行人 M 某撞倒，致其受伤。经鉴定，L 某血液中酒精含量为 110.31 毫克 /100 毫升，达到醉酒标准。公安机关出具的交通事故认定书认定 L 某应负事故主要责任，M 某因未走人行道承担次要责任。案发后，

L 某一次性赔偿 M 某医药费人民币 3 000 元，并取得了 M 某的谅解。

法院判决

L 某醉酒后在道路上驾驶机动车辆，构成危险驾驶罪。未取得机动车驾驶证、同时负有事故主要责任，可从重处罚，但其能如实供述自己的犯罪事实，积极赔偿被害人经济损失并取得被害人谅解，可以从轻、减轻对其的处罚。人民法院判决 L 某犯危险驾驶罪，判处拘役三个月，并处罚金人民币 2 000 元。

法律规定

《刑法》第一百三十三条之一规定，在道路上驾驶机动车，有下列情形之一的，处拘役，并处罚金：

（一）追逐竞驶，情节恶劣的；

（二）醉酒驾驶机动车的；

（三）从事校车业务或者旅客运输，严重超过额定乘员载客，或者严重超过规定时速行驶的；

（四）违反危险化学品安全管理规定运输危险化学品，危及公共安全的。

机动车所有人、管理人对前款第三项、第四项行为负有直接责任的，依照前款的规定处罚。

有前两款行为，同时构成其他犯罪的，依照处罚较重的规定定罪处罚。

条文理解

危险驾驶罪中与职工联系最为紧密的情形有两个：一是追逐竞驶，情节恶劣的；二是醉酒驾驶机动车。其中，追逐竞驶，是指行为人在道路上高速、超速行驶，随意追逐、超越其他车辆，频繁、突然并线，近距离驶入其他车辆之前的危险驾驶行为；醉酒驾驶，是指车辆驾驶人员血液中的酒精含量大于或者等于 80 毫克 /100 毫升。此案被告人 L 某的行为符合醉酒驾驶机动车的构成要件，构成危险驾驶罪。

亲朋好友相聚，把酒言欢，推杯换盏，乃平常之事。但如饮酒无度，又控制不了自己的行为开车上路，是对自己和他人生命的漠视。酒后驾车，伤害的不仅是肇事者自身，更会危及他人，给各自家庭带来无法弥补的损失，给自己带来终身的悔恨。酒后驾车即便侥幸没有发生事故，也逃脱不了法律追究。美酒与情谊诚可贵，但生命价更高，让我们一起对酒后驾车说“不”！

第二部分

破坏社会主义市场经济秩序罪

一、非法吸收公众存款罪

案例

X 某原系某铁路局某车务段职工。2011 年 5 月起，在未经银监部门批准的情况下，X 某利用其设立的投资公司，通过在公司门头电子显示屏上放映广告等方式向社会公众宣传，以高利润、低风险为诱饵，与 140 余人签订借款协议，非法吸收公众存款共计人民币 2 037.16 万元。2014 年 8 月，X 某向公安机关投案自首。

法院判决

X 某未经有关部门批准，采用非法方法吸收公众存款，扰乱社会金融秩序，其行为已构成非法吸收公众存款罪。犯罪以后自动投案，如实供述自己的犯罪事实，退还公众款项，可从轻或者减轻处罚。人民法院判决被告人 X 某犯非法吸收公众存款罪，判处有期徒刑三年零六个月，并处罚金人民币 5 万元。

法律规定

《刑法》第一百七十六条非法吸收公众存款罪规定，非法吸收公众存款或者变相吸收公众存款，扰乱金融秩序的，处三年以下有期徒刑或者拘役，并处或者单处罚金；数额巨大或者有其他严重情节的，处三年以上十年以下有期徒刑，并处罚金；数额特别巨大或者有其他特别严重情节的，处十年以上有期徒刑，并处罚金。

单位犯前款罪的，对单位判处罚金，并对其直接负责的主管人员和其他直接责任人员，依照前款的规定处罚。

有前两款行为，在提起公诉前积极退赃退赔，减少损害结果发生的，可以从轻或者减轻处罚。

条文理解

非法吸收公众存款，是指未经中国人民银行批准，向社会不特定对象吸收资金，出具凭证，承诺在一定期限内还本付息的活动；变相吸收公众存款，是指未经中国人民银行批准，不以吸收公众存款的名义，向社会不特定对象吸收资金，但承诺履行的义务与吸收公众存款性质相同的活动。

根据《最高人民法院关于审理非法集资刑事案件具体应用法律若干问题

的解释（法释〔2010〕18号）》第一条规定，违反国家金融管理法律规定，向社会公众（包括单位和个人）吸收资金的行为，同时具备下列四个条件的，除《刑法》另有规定的以外，应当认定为《刑法》第一百七十六条规定的“非法吸收公众存款或者变相吸收公众存款”：（一）未经有关部门依法批准或者借用合法经营的形式吸收资金；（二）通过媒体、推介会、传单、手机短信等途径向社会公开宣传；（三）承诺在一定期限内以货币、实物、股权等方式还本付息或者给付回报；（四）向社会公众即社会不特定对象吸收资金。

根据上述司法解释第三条规定，非法吸收或者变相吸收公众存款，具有下列情形之一的，应当依法追究刑事责任：（一）个人非法吸收或者变相吸收公众存款，数额在20万元以上的，单位非法吸收或者变相吸收公众存款，数额在100万元以上的；（二）个人非法吸收或者变相吸收公众存款对象30人以上的，单位非法吸收或者变相吸收公众存款对象150人以上的；（三）个人非法吸收或者变相吸收公众存款，给存款人造成直接经济损失数额在10万元以上的，单位非法吸收或者变相吸收公众存款，给存款人造成直接经济损失数额在50万元以上的；（四）造成恶劣社会影响或者其他严重后果的。

对于本罪“数额巨大或者有其他严重情节”的认定标准为：（一）个人非法吸收或者变相吸收公众存款，数额在100万元以上的，单位非法吸收或者变相吸收公众存款，数额在500万元以上的；（二）个人非法吸收或者变相吸收公众存款对象100人以上的，单位非法吸收或者变相吸收公众存款对象500人以上的；（三）个人非法吸收或者变相吸收公众存款，给存款人造成直接经济损失数额在50万元以上的，单位非法吸收或者变相吸收公众存款，给存款人造成直接经济损失数额在250万元以上的；（四）造成特别恶劣社会影响或者其他特别严重后果的。

随着社会经济的发展，人们手中有了余钱，也渴望获得更多的收益。但是，作为铁路职工这样的工薪阶层，我们的每一笔收入都由辛劳的汗水凝结而成，得来不易。请珍惜握在手中的幸福生活，在警惕天上掉下的“馅饼”的同时，也不能去做违法乱纪的事情坑害他人，莫要“拾了芝麻，丢了西瓜”！

二、伪造金融票证罪

案例

D 某原系某铁路局某车站职工，作为中间人与 T、Y、C 三家公司长期合作经营煤炭贸易生意。2014 年，三家公司资金无法回转，形成了债权债务关系。2015 年，由 D 某出面召集三家公司多次商讨解决相互之间的债权债务问题，未能达成一致意见。D 某便按照三家公司债权债务数额，伪造了一张面值为人民币 6 100 万元的承兑汇票，经三家公司负责人同意，在该承兑汇票上背书后进行空转，以解决三家公司之间暂时的财务账面平账问题。2016 年 9 月 1 日，D 某被公安机关传唤到案。

法院判决

法院判决被告人 D 某犯伪造金融票证罪，判处有期徒刑九年，并处罚金人民币 7 万元。

法律规定

《刑法》第一百七十七条伪造、变造金融票证罪规定，有下列情形之一，伪造、变造金融票证的，处五年以下有期徒刑或者拘役，并处或者单处 2 万元以上 20 万元以下罚金；情节严重的，处五年以上十年以下有期徒刑，并处 5 万元以上 50 万元以下罚金；情节特别严重的，处十年以上有期徒刑或者无期徒刑，并处 5 万元以上 50 万元以下罚金或者没收财产：

（一）伪造、变造汇票、本票、支票的；

（二）伪造、变造委托收款凭证、汇款凭证、银行存单等其他银行结算凭证的；

（三）伪造、变造信用证或者附随的单据、文件的；

（四）伪造信用卡的。

单位犯前款罪的，对单位判处罚金，并对其直接负责的主管人员和其他直接责任人员，依照前款的规定处罚。

条文理解

伪造金融票证，是指伪造汇票、本票、支票、委托收款凭证、汇款凭证、银行存单、信用卡等的行为。伪造金融票证犯罪侵犯的客体为国家的金融票证管理制度。犯罪客观方面，表现为伪造各种金融票证的行为。单位和自然人均可成为本罪犯罪主体。犯罪主观方面，表现为直接故意，不包括间接故意或过失。

根据最高人民检察院、公安部2022年联合印发修订后的《关于公安机关管辖的刑事案件立案追诉标准的规定（二）》第二十四条规定，伪造、变造金融票证，涉嫌下列情形之一的，应予立案追诉：（一）伪造、变造汇票、本票、支票，或者伪造、变造委托收款凭证、汇款凭证、银行存单等其他银行结算凭证，或者伪造、变造信用证或者附随的单据、文件，总面额在1万元以上或者数量在十张以上的；（二）伪造信用卡一张以上，或者伪造空白信用卡十张以上的。

金融票证作为社会资金的融通手段和信用关系的媒介，在现代市场经济中发挥着极其重要的作用。伪造金融票证侵害了国家关于金融票证的管理制度，破坏了金融管理秩序及金融票证的公信力，妨害了经济的健康有序发展。伪造金融票证犯罪，不仅侵害经济秩序，而且对个人的刑事处罚较重，对个人和家庭都将是难以承受的后果。这不仅是扰乱金融管理秩序的违法犯罪行为，也是损害社会诚信体系的不道德行为。营造良好的金融环境是市场经济条件下每个人的责任，任何人都不能为了一己私利伪造金融票证骗取他人财物。

三、集资诈骗罪

案例

X某原系某铁路局某客运段职工。2012年8月至2015年1月间，其以提供高额投资回报为引诱，向社会不特定对象借款，吸收资金共计人民币116 962.535 5万元。案发前，X某已偿还本金人民币56 959.103 1万元，已支付利息人民币13 209.657万元，尚未偿还借款总额共计人民币60 003.432 4万元，造成直接经济损失人民币 46 793.775 4 万元。2015 年 1 月，X 某因无法偿还所借款项，主动到检察机关投案自首，并如实供述主要犯罪事实。

法院判决

X 某以非法占有为目的，使用诈骗方法非法集资，且数额特别巨大，其行为已构成集资诈骗罪。X 某案发后主动到司法机关投案，并如实供述自己主要的犯罪事实，系自首。但考虑到其非法集资涉及人员众多，犯罪数额特别巨大，造成经济损失特别严重，应予严惩，故不予从轻处罚。人民法院判决被告人 X 某犯集资诈骗罪，判处无期徒刑，剥夺政治权利终身，并处没收个人全部财产。

法律规定

《刑法》第一百九十二条集资诈骗罪规定，以非法占有为目的，使用诈骗方法非法集资，数额较大的，处三年以上七年以下有期徒刑，并处罚金；数额巨大或者有其他严重情节的，处七年以上有期徒刑或者无期徒刑，并处罚金或没收财产。

单位犯前款罪的，对单位判处罚金，并对其直接负责的主管人员和其他直接责任人员，依照前款的规定处罚。

条文理解

集资诈骗罪有其明显的特征。第一，诈骗手段具有特殊性。集资诈骗罪的诈骗方法是指“行为人采取虚构集资用途，以虚假的证明文件和高回报率为诱饵，骗取集资款的手段”。第二，行为方式具有特殊性。集资诈骗罪的行为方式必须为“非法集资”的形式，即“法人、其他组织或个人，未经国家管理部门批准向社会公众非法募集资金的行为”，具有明显的融资性。第三，被骗对象的公众性和广泛性。集资诈骗行为人为非法占有尽可能多的资金，一般事前不会设定具体的、不变的欺骗对象，而是尽可能地将其虚构的事实向社会广为传播，以便让更多的公众或者单位受骗。

人心不足蛇吞象，犯罪行为的开始往往都是为了蝇头小利，慢慢地被内心的贪念蚕食，逐渐失控，最后酿成大祸。勿以恶小而为之，因为“小恶”通常都是“大祸”的开端。近年来，国家对防范和打击非法集资始终保持高压态势，但是仍有一些人在利益的驱使下，挖空心思，铤而走险。欲壑难填，人的欲望是无止境的，每一名公民都不能超越法律规定去满足自己的欲望，触碰法律就会受到法律的制裁，最后带来的不是欲望的满足，而是法律的惩处。

同时，我们也要警惕落入别人的诈骗陷阱，牢固树立“天下没有免费的午餐”的理念，在有投资意向时一定要谨慎行事，不要被所谓“高额回报”“高息返现”所迷惑，要提高自己的法律意识和风险防范意识，不要抱有侥幸心理，脚踏实地地获取财富才是正确的生财之道。

四、信用卡诈骗罪

案例

W 某原系某铁路局某客运段职工。2012 年 8 月 18 日至 2013 年 12 月 6 日间，W 某使用在某银行办理的白金信用卡，持该卡透支本金人民币 229 866.14 元，透支利息人民币 28 558.97 元，涉案金额人民币 258 425.11 元，逾期超过三个月，经银行工作人员多次催收仍未归还。

法院判决

人民法院判决被告人 W 某犯信用卡诈骗罪，判处有期徒刑六年，罚金人民币 5 万元。

法律规定

《刑法》第一百九十六条信用卡诈骗罪规定，有下列情形之一，进行信用卡诈骗活动，数额较大的，处五年以下有期徒刑或者拘役，并处 2 万元以上 20 万元以下罚金；数额巨大或者有其他严重情节的，处五年以上十年以下有期徒刑，并处 5 万元以上 50 万元以下罚金；数额特别巨大或者有其他特别严重情节的，处十年以上有期徒刑或者无期徒刑，并处 5 万元以上 50 万元以下罚金或者没收财产：

（一）使用伪造的信用卡，或者使用以虚假的身份证明骗领的信用卡的；

（二）使用作废的信用卡的；

（三）冒用他人信用卡的；

（四）恶意透支的。

前款所称恶意透支，是指持卡人以非法占用为目的，超过规定限额或者规定期限透支，并且经发卡银行催收后仍不归还的行为。

条文理解

根据最高人民检察院、公安部 2022 年联合印发修订后的《关于公安机关管辖的刑事案件立案追诉标准的规定（二）》第四十九条规定，进行信用卡诈骗活动，涉嫌下列情形之一的，应予立案追诉：（一）使用伪造的信用卡，以虚假的身份证明骗领的信用卡、作废的信用卡，或者冒用他人信用卡，进行诈骗活动，数额在5 000元以上的；（二）恶意透支，数额在5万元以上的。本条规定的“恶意透支”，是指持卡人以非法占有为目的，超过规定限额或者规定期限透支，经发卡银行两次有效催收后超过三个月仍不归还的。本案被告人W某使用信用卡恶意透支行为，无故不按时还款，构成信用卡诈骗罪。

使用信用卡要注意以下四点：一要准确使用银行信用卡，熟悉业务流程，按时还款；二要讲诚信，严格遵守银行规定，不得违规恶意透支；三要合理安排个人消费，资金使用合理、合法、合情；四要杜绝铺张浪费，提倡勤俭持家，正确理财，保证不冒险透支。不能按时偿还透支款，不仅要偿还高额透支利息，甚至还可能造成法律纠纷，承担法律责任。

五、虚开增值税专用发票罪

案例

J 某原系某铁路局某车务段职工，其设立 W 公司并担任公司法定代表人。2015 年 11 月，J 某与中间人议定，由中间人介绍他人以其他公司名义为 W 公司虚开增值税专用发票，用于公司抵扣税款，J 某向中间人支付发票所示价税合计金额 7.5% 的开票费。J 某收到虚开的增值税专用发票 18 份，发票金额共计人民币 171 万元，税额共计人民币 29 万元。2017 年 2 月，J 某到公安机关投案自首。

法院判决

J 某让他人为其公司虚开增值税专用发票、涉嫌违反国家税收征管法规，危害国家税收征管秩序，其行为已构成虚开增值税专用发票罪。案发后自动投案并如实供述罪行，系自首，可以从轻或者减轻处罚。庭审中认罪态度较好，对其酌情从轻处罚。人民法院判决被告人 J 某犯虚开增值税专用发票罪，判处有期徒刑一年，并处罚金人民币 5 万元，对其违法所得依法予以追缴。

法律规定

《刑法》第二百零五条虚开增值税专用发票等规定，虚开增值税专用发票或者虚开用于骗取出口退税、抵扣税款的其他发票的，处三年以下有期徒刑或者拘役，并处 2 万元以上 20 万元以下罚金；虚开的税款数额较大或者有其他严重情节的，处三年以上十年以下有期徒刑，并处 5 万元以上 50 万元以下罚金；虚开的税款数额巨大或者有其他特别严重情节的，处十年以上有期徒刑或者无期徒刑，并处 5 万元以上 50 万元以下罚金或者没收财产。

单位犯本条规定之罪的，对单位判处罚金，并对其直接负责的主管人员和其他直接责任人员，处三年以下有期徒刑或者拘役；虚开的税款数额较大或者有其他严重情节的，处三年以上十年以下有期徒刑；虚开的税款数额巨大或者有其他特别严重情节的，处十年以上有期徒刑或者无期徒刑。

虚开增值税专用发票或者虚开用于骗取出口退税、抵扣税款的其他发票，是指有为他人虚开、为自己虚开、让他人为自己虚开、介绍他人虚开行为之一的。

条文理解

虚开增值税专用发票是指行为人违反有关发票开具管理的规定、不按照实际情况如实开具增值税专用发票及其他可用于骗取出口退税、抵扣税款的发票的行为，如没有销售商品、提供服务等经营活动，却虚构经济活动的项目、数量、单价、收取金额或者有关税率、税额予以填写；或在销售商品提供服务开具发票时，变更经营项目的名称、数量、单价、税额、税率及税额等，从而使发票不能反映出交易双方进行经营活动以及应纳或已纳税款的真实情况。根据《最高人民法院关于虚开增值税专用发票定罪量刑标准有关问题的通知》（法〔2018〕226号）规定，虚开税款数额5万元以上构成虚开增值税专用发票罪；虚开的税款数额在50万元以上的，认定为“数额较大”；虚开的税款数额在250万元以上的，认定为“数额巨大”。

单位也可成为本罪主体，单位构成本罪的，对单位实行双罚制。既对单位判处罚金，也对直接负责的主管人员和其他直接责任人员依法追究刑事责任。

税收是国家调控经济的重要杠杆之一，在维护国家稳定、促进经济发展等方面发挥着重要作用。偷逃税赋、骗取退税对国家和社会都会造成一定的危害，使国民经济和他人利益，都遭受侵害。对于每一位公民而言，依法纳税都是义务，是担当，是对社会的回报。

六、非法经营罪

案例

L 某原系某铁路局某客运段职工。2010 至 2011 年间，L 某伙同他人在未取得烟草专卖零售许可证的情况下，先后两次在某铁路局甲车站周边商店内收购硬盒“芙蓉王”卷烟 150 条、97 条，价值金额分别为人民币 30 900 元、22 310 元，共计人民币 53 210 元。L 某利用担任列车员值乘旅客列车的工作之便，将该两批卷烟携带到某铁路局乙车站，并在当地销售，销售途中被烟草专卖局的稽查人员查获。L 某因涉嫌犯非法经营罪被逮捕。

法院判决

L 某两次利用担任列车员值乘旅客列车的工作之便，非法运输卷烟并贩卖，已构成非法经营罪。鉴于 L 某归案后认罪态度较好，可酌情从轻处罚。人民法院判决被告人 L 某犯非法经营罪，判处有期徒刑十一个月，并处罚金人民币 3500 元；247 条硬盒“芙蓉王”卷烟予以没收。

法律规定

《刑法》第二百二十五条非法经营罪规定，违反国家规定，有下列非法经营行为之一，扰乱市场秩序，情节严重的，处五年以下有期徒刑或者拘役，并处或者单处违法所得一倍以上五倍以下罚金；情节特别严重的，处五年以上有期徒刑，并处违法所得一倍以上五倍以下罚金或者没收财产：

（一）未经许可经营法律、行政法规规定的专营、专卖物品或者其他限制买卖的物品的；

（二）买卖进出口许可证、进出口原产地证明以及其他法律、行政法规规定的经营许可证或者批准文件的；

（三）未经国家有关主管部门批准非法经营证券、期货、保险业务的，或者非法从事资金支付结算业务的；

（四）其他严重扰乱市场秩序的非法经营行为。

条文理解

非法经营罪是指违反国家规定，从事非法经营，扰乱市场秩序，情节严重的行为。烟草属于国家特许经营产品，根据最高人民检察院、公安部 2022

年联合印发修订后《关于公安机关管辖的刑事案件立案追诉标准的规定（二）》第七十一条规定，违反国家烟草专卖管理法律法规，未经烟草专卖行政主管部门许可，无烟草专卖生产企业许可证、烟草专卖批发企业许可证、特种烟草专卖经营企业许可证、烟草专卖零售许可证等许可证明，非法经营烟草专卖品，具有下列情形之一的，应予立案追诉：（一）非法经营数额在5万元以上的，或者违法所得数额在2万元以上的；（二）非法经营卷烟20万支以上的；（三）三年内因非法经营烟草专卖品受过两次以上行政处罚，又非法经营烟草专卖品且数额在3万元以上的。

市场经济是自由经济，也是法治经济。但任何权利和自由都是相对的，世界上没有绝对的、不受任何限制的权利和自由。在很多人的潜意识里，普遍认为只要卖的是真货，倒卖一下赚个差价不会触犯法律。对于国家专营、专卖的商品，如烟草、外汇、证券、彩票等，在未取得国家相关许可证照的情况下，从事收购、储存、运输、加工、批发、销售等经营活动都属于违法行为，情节严重的甚至触犯刑法构成犯罪。该案例提醒我们，切勿在未获得政府相关管理部门许可的情况下，从事属于国家专营、专卖的经营活动。

七、伪造、倒卖伪造的有价票证罪

案例

Q某原系某铁路局职工。2012年Q某从C某处以人民币200元收购伪造的中华人民共和国铁路硬席全年定期乘车证1张，以人民币350元的价格转卖给L某，非法获利人民币150元。2014年Q某又多次从C某处以每套人民币400元的价格购得伪造的铁路硬席全年定期乘车证及配套的铁路职工工作证（内含乘车证使用卡、出差证明书），共计 8 套，并以每套人民币 500 元至 800 元不等的价格出售给 D 某等 3 人，非法获利共计人民币 2 400 元。2015 年 Q 某到公安机关投案自首。

法院判决

Q 某倒卖伪造的乘车证和工作证，数额较大，其行为已构成伪造、倒卖伪造的有价票证罪，依法应予处罚。Q 某当庭认罪，可酌情从轻处罚。Q 某亲属代其退缴赃款，应当视为 Q 某主动退缴赃款，可酌情从轻处罚。人民法院判决被告人 Q 某犯伪造、倒卖伪造的有价票证罪，判处拘役六个月，并处罚金人民币 8 000 元；没收违法所得人民币 2 550 元；扣押的伪造铁路职工工作证一本、乘车证一张，予以没收。

法律规定

《刑法》第二百二十七条伪造、倒卖伪造的有价票证罪和倒卖车票、船票罪规定，伪造或者倒卖伪造的车票、船票、邮票或者其他有价票证，数额较大的，处二年以下有期徒刑、拘役或者管制，并处或者单处票证价额一倍以上五倍以下罚金；数额巨大的，处二年以上七年以下有期徒刑，并处票证价额一倍以上五倍以下罚金。

倒卖车票、船票，情节严重的，处三年以下有期徒刑、拘役或者管制，并处或者单处票证价额一倍以上五倍以下罚金。

条文理解

所谓伪造的有价票证，是指仿照真的、有效的有价票证的形状、规格、色彩、图案等方面的样式，采用印刷、手描、影印等方法制作的票证。通过涂改、拼接、挖补、褪色等手段将作废或无效的有价票证进行修正以假充真，同样属于伪造的有价票证。

所谓倒卖有价票证，是指先低价收买然后高价出售，或者为了出卖而收买伪造的有价票证的行为。倒卖伪造的有价票证，数额较大的，构成本罪。“数额较大”应理解为有价票证载明的价额。

根据《最高人民检察院、公安部关于印发〈最高人民检察院、公安部关于公安机关管辖的刑事案件立案追诉标准的规定（一）〉的通知》（公通字〔2008〕36号）第二十九条规定，伪造或者倒卖伪造的车票、船票、邮票或者其他有价票证，涉嫌下列情形之一的，应予立案追诉：（一）车票、船票票面数额累计2 000元以上，或者数量累计50张以上的；（二）邮票票面数额累计5 000元以上，或者数量累计1 000枚以上的；（三）其他有价票证价额累计5 000元以上，或者数量累计100张以上的；（四）非法获利累计1 000元以上的；（五）其他数额较大的情形。

随着社会发展的日新月异，有价票证已不仅局限于法条中所列明的车票、船票、邮票等。由国家机关、企业、事业单位依法印制，只要持有人持有该票证，即能要求支付特定金额或提供特定服务的票证，如代金券、电话卡及工作证、乘车证等均属于有价票证的范畴。正是基于有价票证显示或隐藏的价值，伪造及倒卖伪造有价票证可能带来的巨额利润诱使不少人铤而走险。在利益诱惑之下仍要守住法律的底线，切莫贪图一时利益，以身试法。

第三部分

侵犯公民人身权利、民主权利罪

一、故意杀人罪

案例

Z某原系某铁路局某桥工段职工。2017年7月某日Z某在车间工区夜班期间，因感觉浑身疼痛，认为是前日与车间同事P某在单位工区互相斗殴造成的，即产生报复心理，便从工区工具房中拿起工具，进入P某居住的工区宿舍内，朝P某头部连砸数次，见P某从床上翻掉到地下，Z某将工具丢弃到现场并转身关上房门回到自己房间报警。P 某被送往医院后经抢救无效死亡。

法院判决

Z 某因琐事持械非法剥夺他人生命，造成被害人 P 某死亡的严重后果，犯故意杀人罪，其犯罪手段残忍、后果严重，依法应予以严惩，但其作案后报警投案，系自首，可以从轻或者减轻处罚。人民法院判决被告人 Z 某犯故意杀人罪，判处死刑，缓期两年执行，剥夺政治权利终身。同时，赔偿被害人家属医疗费、丧葬费、交通费共计人民币 22 万余元。

法律规定

《刑法》第二百三十二条故意杀人罪规定，故意杀人的，处死刑、无期徒刑或者十年以上有期徒刑；情节较轻的，处三年以上十年以下有期徒刑。

条文理解

故意杀人罪，是指故意非法剥夺他人生命的行为。一般认为，故意杀人罪情节严重的情形主要包括：（1）出于图财、奸淫、对正义行为进行报复、毁灭罪证、嫁祸他人、暴力干涉婚姻自由等卑劣动机而杀人；（2）利用烈火焚烧、长期冻饿、逐渐肢解等极端残酷的手段杀人；（3）杀害特定对象，如与之朝夕相处的亲人，著名的政治家、军事家、知名人士等，造成社会强烈震动、影响恶劣的杀人；（4）产生诸如多人死亡，导致被害人亲人精神失常等严重后果的杀人等等。故意杀人罪情节较轻的情形主要包括：（1）义愤杀人，即被害人恶贯满盈，其行为已达到让人难以忍受的程度而私自将其处死；（2）激情杀人，即本无任何杀人故意，但在被害人的刺激、挑逗下而失去理智，失控而将他人杀死；（3）受嘱托杀人，即基于被害人的请求、自愿而帮助其自杀；（4）帮助他人自杀；（5）生母溺婴，即出于无力抚养、顾及脸面等不太恶劣的主观动机而将亲生婴儿杀死；（6）防卫过当；（7）避险过当；等等。

人与人相处，难免发生磕磕碰碰。这个时候我们应该相互理解，理智地去解决问题，千万不能冲动之下挥舞凶器、杀人越货。牢记冲动不能解决问题，甚至会造成不可挽回的严重后果，最终害人害己。

本案被告人Z某的行为再一次警示我们：基层组织和单位在日常工作中化解矛盾和纠纷的作用发挥不够，对管理范围内各种“小”矛盾、“小”纠纷认识不足、重视不够，不愿管、不敢管，处理不及时、不科学、不彻底，致使矛盾越积越深，纠纷升级，导致发生刑事案件。另外，部分基层组织和单位在法治宣传教育工作中也存在一定的问题：一是单位普法教育不够，职工群众的法治观念淡薄；二是遏制违法犯罪方面警示教育力度不够，普法宣传、法制教育的广度、深度不够；三是普法宣传教育的针对性、有效性不强，以致部分职工群众法治观念淡薄，法治意识和依法维权的意识、能力低，发生一些不必要发生的事件。因此，基层组织和单位应提高自身防范化解矛盾、预防刑事犯罪的能力。

二、故意伤害罪

案例一

Y 某原系某铁路局某供电段职工。2013 年 9 月某日，平时喜欢酗酒的 Y 某和好友在饭店喝酒后，23 时左右前往同村 G 某的饭店，要求 G 某陪其继续喝酒。G 某看 Y 某已经喝醉，就没有答应，双方遂在饭店门口发生口角，Y 某借着酒劲用拳击打 G 某，致其倒地后受伤。经鉴定 G 某右颞叶、双侧额叶多发脑挫裂伤，蛛网膜下腔出血，并伴有神经系统症状及体征，其损伤程度为重伤二级。Y 某到公安机关投案自首。

法院判决

Y 某故意伤害他人身体，致使 G 某重伤，构成故意伤害罪。Y 某犯罪后，主动投案如实供述自己的罪行，系自首，可以从轻或者减轻处罚；已经与被害人达成赔偿协议并取得谅解，可依法从轻处罚。人民法院判决被告人 Y 某犯故意伤害罪，判处有期徒刑三年，缓刑三年。

法律规定

《刑法》第二百三十四条故意伤害罪规定，故意伤害他人身体的，处三年以下有期徒刑、拘役或者管制。

犯前款罪，致人重伤的，处三年以上十年以下有期徒刑；致人死亡或者以特别残忍手段致人重伤造成严重残疾的，处十年以上有期徒刑、无期徒刑或者死刑。本法另有规定的，依照规定。

条文理解

故意伤害罪，是指故意地非法损害他人身体健康的行为。伤害行为的手段是多种多样的，但不论使用何种手段，伤害他人身体的，均属伤害行为。

就伤害结果的严重程度而言，则有三种形态，即轻伤、重伤或死亡。轻伤，是指由于物理、化学及生物等各种外界因素作用于人体，造成组织、器官结构的一定程度的损害或部分功能障碍，尚未构成重伤又不属于轻微伤害的损伤。重伤，是指使人肢体残废或者毁人容貌，丧失听、视觉或者其他器官功能以及其他对于人身健康有重大损害的伤害。死亡，是指伤害他人身体致使他人生命丧失的伤害。致人伤害达轻伤以上，就可以构成故意伤害罪。

在与亲朋好友相聚时，喝酒莫多，莫醉，更不能酒后生事！切莫因一些鸡毛蒜皮的小事或一言不合便动手，以致因一时冲动、情绪失控而一发不可收拾，酿成大错，害人害己，追悔莫及！

案例二

M 某原系某铁路局某机务段职工。2013 年 10 月某日其酗酒后与同事 C 某发生口角。M 某不顾周围群众劝阻对 C 某拳脚相加，在 C 某丧失意识后将其拖拽至环城水系边并抛入水中，后又协助他人将 C 某从水中救出并送往医院，C 某经抢救无效死亡。经鉴定，C 某系被拳脚击打致死。

法院判决

M 某故意伤害他人身体，致人死亡，构成故意伤害罪。M 某有救助被害人的行为，并在侵害发生后对被害人家属进行了民事赔偿，取得被害人家属谅解。人民法院判决被告人 M 某犯故意伤害罪，判处有期徒刑十四年，剥夺政治权利三年。

法律规定

《刑法》第二百三十四条故意伤害罪规定，故意伤害他人身体的，处三年以下有期徒刑、拘役或者管制。

犯前款罪，致人重伤的，处三年以上十年以下有期徒刑；致人死亡或者以特别残忍手段致人重伤造成严重残疾的，处十年以上有期徒刑、无期徒刑或者死刑。本法另有规定的，依照规定。

条文理解

故意伤害罪，是指故意地非法损害他人身体健康的行为。故意伤害罪在主观方面表现为故意，即行为人明知自己的行为会造成损害他人身体健康的结果，而希望或放任这种结果的发生。客观方面表现为非法损害他人身体健康的行为，损害的结果可能是轻伤、重伤或死亡。犯罪客体是他人的身体健康，故意伤害自己身体健康的不构成此罪。

警　示

生活中难免与人产生磨擦，很多故意伤害案件只是源于日常的琐事纠纷。逞一时之快不但不能解决争议，反而可能激化矛盾，让自己深陷囹圄，害人害己。

三、非法拘禁罪

案例

H某原系某铁路局某机务段职工。2012年8月某日，H某因怀疑其经营的贷款公司会计Q某伙同他人骗取公司钱财，遂指使其同伙以对账为名，将会计Q某非法拘禁在其办公室内，并多次进行殴打，后会计Q某逃脱并报警。

法院判决

H某指使他人采用暴力手段非法限制他人人身自由，其行为已构成非法拘禁罪。鉴于案发后H某自动投案，能如实供述自己的罪行，系自首，且已对被害人经济损失进行了足额赔偿，可以从轻或者减轻处罚。人民法院判决被告人H某犯非法拘禁罪，判处有期徒刑六个月。

法律规定

《刑法》第二百三十八条非法拘禁罪规定，非法拘禁他人或者以其他方法非法剥夺他人人身自由的，处三年以下有期徒刑、拘役、管制或者剥夺政治权利。具有殴打、侮辱情节的，从重处罚。

犯前款罪，致人重伤的，处三年以上十年以下有期徒刑；致人死亡的，处十年以上有期徒刑。使用暴力致人伤残、死亡的，依照本法故意伤害罪、组织出卖人体器官罪、故意杀人罪的规定定罪处罚。

为索取债务非法扣押、拘禁他人的，依照前两款的规定处罚。

国家机关工作人员利用职权犯前三款罪的，依照前三款的规定从重处罚。

条文理解

非法拘禁是一种严重的违法犯罪行为。除直接拘束人的身体，剥夺其身体活动自由外，间接拘束人的身体，剥夺其身体活动自由，如将他人监禁于一定场所，使其不能或明显难以离开、逃出，或采用无形的方法限制人的活动自由，如拿走正在洗澡人的换洗衣服，使其基于羞耻心无法走出浴室等，都属于非法拘禁的范畴。此外，无论是以暴力、胁迫方法拘禁他人，还是以欺诈方法拘禁他人，均不影响非法拘禁罪的成立。非法剥夺人身自由持续时间的长短同样不影响非法拘禁罪的成立，只影响量刑。

公民的人身自由，是公民正常工作、生产、生活和学习的保证，失去人身自由，就失去了从事一切正常活动的可能。《中华人民共和国宪法》规定：“中华人民共和国公民的人身自由不受侵犯。任何公民，非经人民检察院批准或者决定或者人民法院决定，并由公安机关执行，不受逮捕。禁止非法拘禁和以其他方法非法剥夺或者限制公民的人身自由，禁止非法搜查公民的身体。”不论是出于何种目的，不论是通过使用暴力还是其他行为，限制他人人身自由之人必将被国法剥夺自由！

四、侵犯公民个人信息罪

案例

G 某原系某铁路局某车务段职工。2017 年 6 月，L 某伙同他人通过黑客手段攻击我国某地区网站，进入网站的后台服务器中获取“cvv 料”（包括公民信用卡账号、信用卡有效期、信用卡安全码、持卡人姓名、住址等信息）。L 某通过支付宝转账收款的方式，将“cvv 料”出售给 Z 某，Z 某又转卖给他人，层层转卖从中赚取差价。最后，G 某通过微信转账的方式花费共计人民币 13 720 元从他人手中购得“cvv 料”计 100 条之后，再转手卖给他人。2018 年 8 月 1 日，G 某因涉嫌犯侵犯公民个人信息罪被公安机关刑事拘留。

法院判决

G 某通过购买的方式非法获取公民个人信息并予以出售，其购买行为与出售行为均构成侵犯公民个人信息罪。人民法院判决 G 某犯侵犯公民个人信息罪，单处罚金人民币 1 万元。

法律规定

《刑法》第二百五十三条之一侵犯公民个人信息罪规定，违反国家有关规定，向他人出售或者提供公民个人信息，情节严重的，处三年以下有期徒刑或者拘役，并处或者单处罚金；情节特别严重的，处三年以上七年以下有期徒刑，并处罚金。

违反国家有关规定，将在履行职责或者提供服务过程中获得的公民个人信息，出售或者提供给他人的，依照前款的规定从重处罚。

窃取或者以其他方法非法获取公民个人信息的，依照第一款的规定处罚。

单位犯前三款罪的，对单位判处罚金，并对其直接负责的主管人员和其他直接责任人员，依照各该款的规定处罚。

条文理解

公民个人信息，是指公民个人不愿为一般普通社会公众所知，并对公民个人有保护价值的信息。非法获取公民个人信息意指侵犯了公民的隐私权，即自然人享有的私人生活安宁与私人信息不被他人非法知悉、搜集、利用和公开的一项人格权。

2015年《刑法修正案(九)》修改了公民个人信息保护的有关规定,将出售、非法提供公民个人信息罪和非法获取公民个人信息罪两罪合并成侵犯公民个人信息罪一罪，并取消了非法获取公民个人信息行为构成犯罪的“情节严重”的定罪标准，此即意味着只要行为人实行了窃取或者非法获取公民个人信息的行为，即可构成犯罪，不需要达到情节严重的程度。

随着互联网产业的高度发展，黑客袭击破坏网络犯罪日渐猖獗。黑客利用计算机入侵网站后非法获取公民个人信息更加轻而易举，从而造成公民个人信息泄露的极大风险。近年来，公民个人信息泄露情况较为普遍，网络上出现了公开兜售各类公民个人信息的广告，社会上甚至出现了搜集、出售公民个人信息的“专业户”，对公民个人隐私及人身、财产安全构成了严重威胁。因此，利用刑罚手段保护公民的个人信息安全实属必要。

生活中，往往有人贪图利益，利用职务之便，出售或者非法提供公民个人信息给他人，窃取或者以其他方法获取公民个人信息等，均属于违法行为，可能承担民事或者行政责任，严重者则触犯刑法构成犯罪，承担刑事责任。君子爱财取之有道，不要为了贪图蝇头小利，而葬送了自己的大好前程。

第四部分

侵犯财产罪

一、抢劫罪

案例一

C某原系某铁路局某车辆段职工。2014年8月某日，C某与其同伙共四人吃饭后，预谋“教训”W某，遂驾车到W某家，持棍棒、砍刀等凶器翻墙进入W某家。因W某当时不在家，四人对W某的妻子和儿子进行殴打至轻微伤，并采取威胁手段将被害人控制。后四人将W某家保险柜打开，将里面两条中华烟和两瓶红酒拿走，又将部分现金、白色苹果手机一部、中兴黑色手机一部及电脑主机一台拿走（总价值人民币 5 095 元）。案发后，C 某与被害人达成赔偿协议，并取得其谅解。

法院判决

C 某与同伙经预谋在深夜翻墙进入被害人家，殴打他人致轻微伤，构成非法侵入住宅罪。后又另起犯意，以非法占有为目的，继续以暴力、胁迫方法，抢劫被害人家中物品及现金，其行为构成抢劫罪。应实行数罪并罚。犯罪后积极赔偿被害人经济损失，并取得被害人谅解，可酌定从轻处罚。人民法院判决 C 某犯非法侵入住宅罪和抢劫罪，判处有期徒刑六年，并处罚金人民币 2 万元，作案工具轿车一辆，予以没收，上缴国库。

法律规定

《刑法》第二百六十三条抢劫罪规定，以暴力、胁迫或者其他方法抢劫公私财物的，处三年以上十年以下有期徒刑，并处罚金；有下列情形之一的，处十年以上有期徒刑、无期徒刑或者死刑，并处罚金或者没收财产：

（一）入户抢劫的；

（二）在公共交通工具上抢劫的；

（三）抢劫银行或者其他金融机构的；

（四）多次抢劫或者抢劫数额巨大的；

（五）抢劫致人重伤、死亡的；

（六）冒充军警人员抢劫的；

（七）持枪抢劫的；

（八）抢劫军用物资或者抢险、救灾、救济物资的。

条文理解

抢劫罪是侵犯财产罪中危害性最大、性质最严重的犯罪。在一般情况下，凡是以非法占有为目的，对财物的所有人、保管人使用暴力、胁迫或者其他方法，强行夺取公私财物的行为，就具备了抢劫罪的基本特征，构成了抢劫罪。立法上没有抢劫的数额和情节的限制性规定。也就是说，无论是否抢到钱财，也不论实际抢到钱财的多少，原则上都构成抢劫罪。

“抢劫”从古至今都不是一个正面的词汇。以抢劫为业的“土匪”“强盗”难以正常地生活在阳光下。对他们，人们多是憎恶不已、避之不及的。人生路漫漫，风景时常在，平地一声“留下买路财”，拦的是他人的路，劫的是他人的财，但葬送的却是自己的未来！

案例二

W 某原系某铁路局某通信段职工。2015 年 12 月某日，W 某在某市住宅小区马路边，拉开停放在此地的奥迪 Q5 轿车车门，持螺丝刀对车主 Z 某进行威胁意图抢劫，Z 某将其制服后报警，公安机关将 W 某抓获。

法院判决

W 某以暴力威胁手段抢劫公民财物，其行为已构成抢劫罪。由于 W 某虽已着手实行犯罪，但由于意志以外的原因而未得逞，属犯罪未遂，依法可从轻处罚。W 某自愿认罪，酌情予以从轻处罚。人民法院判决被告人 W 某犯抢劫罪，判处有期徒刑三年，并处罚金人民币 2 000 元。

法律规定

《刑法》第二百六十三条抢劫罪规定，以暴力、胁迫或者其他方法抢劫公私财物的，处三年以上十年以下有期徒刑，并处罚金；有下列情形之一的，处十年以上有期徒刑、无期徒刑或者死刑，并处罚金或没收财产：

（一）入户抢劫的；

（二）在公共交通工具上抢劫的；

（三）抢劫银行或者其他金融机构的；

（四）多次抢劫或者抢劫数额巨大的；

（五）抢劫致人重伤、死亡的；

（六）冒充军警人员抢劫的；

（七）持枪抢劫的；

（八）抢劫军用物资或者抢险、救灾、救济物资的。

条文理解

抢劫罪是以非法占有为目的，对财物的所有人、保管人当场使用暴力、胁迫或其他方法，强行将公私财物抢走的行为。抢劫罪侵犯的是复杂客体，既侵犯财产权利又侵犯人身权利，具备劫取财物或者造成他人轻伤以上后果两者之一的，均属抢劫既遂；既未劫取财物，又未造成他人人身伤害后果的，属抢劫未遂。对于未遂犯，可以比照既遂犯从轻或者减轻处罚。

本案中被告人W某法治观念淡薄，不学法不守法，在光天化日之下暴力威胁、拦路抢劫，性质恶劣，法理难容。抢劫罪是侵犯财产罪中危害性最大、性质最严重的犯罪，一般情况下，凡是以非法占有为目的，用暴力、胁迫或者其他方法，强行夺取公私财物的行为，就具备了抢劫罪的基本特征，构成了抢劫罪。公民要自觉学习法律常识，做一名学法、懂法、用法、守法的人，切不可见财起意，犯下大错。

二、盗窃罪

案例一

C 某原系某铁路局某机务段职工。2003 年以来，C 某因染上毒瘾无心工作，以偷车卖钱维持生计，常年吸毒，并多次因盗窃被判刑，但仍不知悔改。2016 年 4 月某日，C 某在某市一街道将一辆电动车（价值人民币 2 650 元）锁打开，并由其同伙驾驶该车离开现场，后被公安机关抓获。

法院判决

C 某以非法占有为目的，秘密窃取他人财物，构成盗窃罪；其在有期徒刑执行完毕五年内再犯应当判处有期徒刑以上刑罚，系累犯，应当从重处罚；多次盗窃前科，应酌情从重判处。人民法院判决 C 某犯盗窃罪，判处有期徒刑十个月，并处罚金人民币 3 000 元；同时，退赔被害人损失。

法律规定

《刑法》第二百六十四条盗窃罪规定，盗窃公私财物，数额较大的，或者多次盗窃、入户盗窃、携带凶器盗窃、扒窃的，处三年以下有期徒刑、拘役或者管制，并处或者单处罚金；数额巨大或者有其他严重情节的，处三年以上十年以下有期徒刑，并处罚金；数额特别巨大或者有其他特别严重情节的，处十年以上有期徒刑或者无期徒刑，并处罚金或者没收财产。

条文理解

盗窃的公私财物，既包括有形的货币、金银首饰等财物，也包括电力、煤气、天然气等无形的财产。盗窃违禁品或犯罪分子不法占有的财物也构成盗窃罪。被盗物品的价格，应当以被盗物品价格的有效证明确定。对于不能确定的，根据作案当时、当地的同类物品的价格，以人民币分别计算。根据《最高人民法院、最高人民检察院关于办理盗窃刑事案件适用法律若干问题的解释》（法释〔2013〕8 号）第一条规定，盗窃公私财物价值 1000 元至 3000 元以上、3 万元至 10 万元以上、30 万元至 50 万元以上的，应当分别认定为刑法第二百六十四条盗窃罪规定的“数额较大”“数额巨大”“数额特别巨大”。各省、自治区、直辖市高级人民法院、人民检察院可以根据本地区经济发展状况，并考虑社会治安状况，在前款规定的数额幅度内，确定本地区执行的具体数额标准，报最高人民法院、最高人民检察院批准。在跨地区运行的公共交通工具上盗窃，盗窃地点无法查证的，盗窃数额是否达到“数额较大”“数额巨大”“数额特别巨大”，应当根据受理案件所在地省、自治区、直辖市高级人民法院、人民检察院确定的有关数额标准认定。盗窃毒品等违禁品，应当按照盗窃罪处理的，根据情节轻重量刑。

偷盗行为，自古恶之，当今时代，恶之有甚。偷窃历来是人们憎恨的可耻行为，盗窃者遭人厌恶、让人唾弃。作为一名铁路职工，我们对物质生活的追求完全可以通过努力工作来实现，万万不可因为一己私欲去盗窃他人财物。君子爱财，取之有道，明智的人懂得如何用辛勤劳动创造财富，而有些人受侥幸心理的驱使，不惜偷窃财物，走“捷径”去攫取别人的劳动成果使自己致富，终将受到法律的严惩。大家应牢记，公私财物要分明，非己之物莫伸手，不劳而获终害己，勿贪小利入监狱。

案例二

X 某原系某铁路局某车辆段职工。2015 年 9 月至 11 月间，X 某在车间连续盗窃 EMI 吸收板 1 块、单相逆器主控板及检测板各 1 块、逆变器监控板 2 块、驱动板 4 块、充电机主控板 3 块、电路板 6 块及 PLC 可编程控制器 1 台。X 某涉嫌实施盗窃犯罪 5 次，盗窃财物价值共计人民币 79 182.75 元。

法院判决

人民法院判决X某犯盗窃罪，判处有期徒刑四年，并处罚金人民币1万元。

法律规定

《刑法》第二百六十四条盗窃罪规定，盗窃公私财物，数额较大的，或者多次盗窃、入户盗窃、携带凶器盗窃、扒窃的，处三年以下有期徒刑、拘役或者管制，并处或者单处罚金；数额巨大或者有其他严重情节的，处三年以上十年以下有期徒刑，并处罚金；数额特别巨大或者有其他特别严重情节的，处十年以上有期徒刑或者无期徒刑，并处罚金或者没收财产。

条文理解

盗窃罪是指以非法占有为目的，秘密窃取数额较大的公私财物或者多次秘密窃取、入户窃取、携带凶器窃取、扒窃公私财物的行为。“多次盗窃”是指2年内盗窃3次以上。公私财物是指国家、集体或个人的财物，一般是指动产而言，但不动产上附着物，可与不动产分离的，也可以成为盗窃罪的对象。非法占有不仅包括自己占有，也包括为第三者或集体占有。对非法窃取并占为己有的财物，随后又将其毁弃、赠与他人或者又被他人非法占有的，系盗窃分子对财物的处理问题，改变不了其非法侵犯财产所有权的性质，不影响盗窃罪的成立。

盗窃是我国刑法重点打击的一种刑事犯罪，盗窃与自力更生、勤劳致富的价值观念相悖，是可耻的行为。铁路职工在工作中经常接触到物资设备和运输货物，如不能控制自己私欲，将国家或他人的财产窃为己有，就可能触犯刑法锒铛入狱，最后丢掉来之不易的工作岗位，可谓“因小失大”。行动之前千万要想想后果，切莫伸出断送自己人生前途的“第三只手”！

案例三

Z 某原系某铁路局某客运段职工。2016 年 7 月某日，Z 某利用事先偷配的房间钥匙进入铁路单身宿舍房间，将被害人 L 某存放于该房间内挎包里的银行卡盗走并逃离现场。随后 Z 某持盗窃的被害人 L 某银行卡，利用之前帮 L 某取钱获取的银行卡密码在银行 ATM 机分三次盗窃该银行卡所存人民币 10 500 元。作案后，

Z某将盗取的现金存入自己的银行卡内，将盗窃的银行卡、进入房间的钥匙丢弃。破案后，公安机关追回被盗人民币 10 500 元。

法院判决

人民法院判决被告人Z某犯盗窃罪，判处有期徒刑6个月，并处罚金人民币2 000元。

法律规定

《刑法》第二百六十四条盗窃罪规定，盗窃公私财物，数额较大的，或者多次盗窃、入户盗窃、携带凶器盗窃、扒窃的，处三年以下有期徒刑、拘役或者管制，并处或者单处罚金；数额巨大或者有其他严重情节的，处三年以上十年以下有期徒刑，并处罚金；数额特别巨大或者有其他特别严重情节的，处十年以上有期徒刑或者无期徒刑，并处罚金或者没收财产。

条文理解

盗窃罪的行为方式主要是：盗窃公私财物，数额较大的，或者多次盗窃、入户盗窃、携带凶器盗窃、扒窃的。根据《最高人民法院、最高人民检察院关于办理盗窃刑事案件适用法律若干问题的解释》，盗窃公私财物价值1 000元至3 000元以上的，应当认定为“数额较大”；两年内盗窃3次以上的，应当认定为“多次盗窃”；非法进入供他人家庭生活，与外界相对隔离的住所盗窃的，应当认定为“入户盗窃”；携带枪支、爆炸物、管制刀具等国家禁止个人携带的器械盗窃，或者为了实施违法犯罪携带其他足以危害他人人身安全的器械盗窃的，应当认定为“携带凶器盗窃”；在公共场所或者公共交通工具上盗窃他人随身携带的财物的，应当认定为“扒窃”。

孔子认为人活一世，不应仅追求物质生活，而应有更高的精神追求。他在教育学生如何对待现在和将来的关系时，总是引导学生立足于现在而面向将来，树立正确的人生目标和理想，确立积极的努力方向和奋斗目标。本案当事人眼睛盯住伙伴的口袋，仅仅为了1万多元的钱财，丧失道德底线，蓄意偷钱挥霍。究其根源，是没有确立正确的理想信仰，内心空虚，失去方向，用非法手段谋取利益，除了饱受道德谴责，还要接受法律的制裁。

三、诈骗罪

案例一

G某原系某铁路局某机务段职工。2009年至2015年期间，G某谎称可以内部价格购买到某铁路局住房，先后多次骗取S某、M某钱财共计人民币43万元。

法院判决

G 某以非法占有为目的，采用虚构事实的方法，骗取他人钱财数额巨大，构成诈骗罪。考虑 G 某归案后，如实供述罪行，可依法从轻处罚。人民法院判决 G 某犯诈骗罪，判处有期徒刑八年，并处罚金人民币 3 万元。同时，退还 2 名被害人经济损失人民币 43 万元。

法律规定

《刑法》第二百六十六条诈骗罪规定，诈骗公私财物，数额较大的，处三年以下有期徒刑、拘役或者管制，并处或者单处罚金；数额巨大或者有其他严重情节的，处三年以上十年以下有期徒刑，并处罚金；数额特别巨大或者有其他特别严重情节的，处十年以上有期徒刑或者无期徒刑，并处罚金或者没收财产。本法另有规定的，依照规定。

条文理解

诈骗罪是指以非法占有为目的，用虚构事实或者隐瞒真相的方法，骗取数额较大的公私财物的行为。欺诈行为从形式上说包括两类，一是虚构事实，二是隐瞒真相，二者从实质上说都是使被害人陷入错误认识的行为。欺诈行为的内容是，在具体状况下，使被害人产生错误认识，并作出行为人所希望的财产处分。因此不管是虚构、隐瞒过去的事实，还是当下的事实与将来的事实，只要具有上述内容的，就是一种欺诈行为。欺诈行为的手段、方法没有限制，既可以是语言欺诈，也可以是行为欺诈。有告知某种事实的义务，但不履行这种义务，使对方陷入错误认识或者继续陷入错误认识，并利用这种认识错误取得财产的，也是欺诈行为。

古人云："君子爱财，取之有道"，喜爱财物本无错，但得到和使用财物都要遵守法律。财物取得须合法，千万不能因为一时的贪欲而去骗取他人财物。"不义而富且贵，于我如浮云"，我们要在诱惑面前保持警醒，时刻牢记不义之财不可妄取。

案例二

Z 某原系某铁路局某车务段职工。2013 年至 2015 年间，Z 某利用在车务段工作的身份，谎称其能够获得铁路局工程招投标项目，虚构铁路局工程招投标项目需缴纳投标保证金或需要资金参与招投标的事实，采取伪造虚假中标通知书、承诺书、工程合同、工程清单、车务段行政公章等手段，并向被害人许以高额回报，骗得 25 名被害人巨额资金共计人民币 12 912.02 万元，所得款项用于偿还个人债务、高额利息以及个人购房、购车等消费事项。2015 年 12 月 11 日 Z 某因涉嫌诈骗罪被刑事拘留。2016 年 11 月 1 日，检察院指控 Z 某犯诈骗罪，依法向人民法院提起公诉。

法院判决

人民法院判决被告人 Z 某犯诈骗罪，判处无期徒刑，剥夺政治权利终身，并处没收个人全部财产；追缴被告人 Z 某违法所得的人民币 12 912.02 万元，返还各被害人。

法律规定

《刑法》第二百六十六条诈骗罪规定，诈骗公私财物，数额较大的，处三年以下有期徒刑、拘役或者管制，并处或者单处罚金；数额巨大或者有其他严重情节的，处三年以上十年以下有期徒刑，并处罚金；数额特别巨大或者有其他特别严重情节的，处十年以上有期徒刑或者无期徒刑，并处罚金或者没收财产。本法另有规定的，依照规定。

条文理解

诈骗罪系行为人虚构事实、隐瞒真相、使被害人陷入错误认识、处分财产、遭受财产损失的行为。虚构事实、隐瞒真相是关键，刑法意义的虚构事实、隐瞒真相是指能让被害人产生错误认识继而处分财产的行为。虚构事实、隐瞒真相必须与被害人错误处分财产之间存在因果关系。根据《最高人民法院、最高人民检察院关于办理诈骗刑事案件具体应用法律若干问题的解释》（法释〔2011〕7号）第一条规定，诈骗公私财物价值3 000元至1万元以上、3万元至10万元以上、50万元以上的，应当分别认定为刑法第二百六十六条规定的“数额较大”“数额巨大”“数额特别巨大”。各省、自治区、直辖市高级人民法院、人民检察院可以结合本地区经济社会发展状况，在前款规定的数额幅度内，共同研究确定本地区执行的具体数额标准，报最高人民法院、最高人民检察院备案。本案被告人Z某的犯罪行为符合诈骗罪构成要件，其诈骗金额属于数额特别巨大。

本案被告人Z某以非法占用为目的，采取虚构事实、隐瞒真相的方法，骗取他人财物共计人民币12 912.02万元，数额巨大，其行为已构成诈骗罪。民事经济纠纷与诈骗罪最大的区别在于：是否虚构事实，以及是否有非法占有的目的。本案被告人Z某有非法占有目的虚构事实，构成诈骗罪，其与被害人之间不是民事经济关系。在经济高速发展的时代，经济犯罪也呈逐年递增的趋势。我们应该脚踏实地，依法合规经营，诚实守信做人，做一名遵纪守法、勤劳致富的公民。

案例三

W 某原系某铁路局某车辆段职工。2010 年至 2013 年间，W 某因工伤，先后到中国人民武装警察部队北京市总队第二医院、北京积水潭医院住院治疗，期间 5 次利用伪造的住院病案和住院缴款收据等虚假文件票据申请报销。报销后骗取工伤保险金人民币 10.39 万元、医疗保险金人民币 9 859.22 元，所骗钱财被其全部挥霍。

法院判决

W 某归案后如实供述犯罪事实，认罪态度较好，积极赔偿给国家造成的经济损失，有悔罪表现，可酌情从轻处罚。人民法院判决被告人 W 某犯诈骗罪，判处有期徒刑三年，缓刑四年，并处罚金人民币 2 万元；责令退赔人民币 11.37 万元。

法律规定

《刑法》第二百六十六条诈骗罪规定，诈骗公私财物，数额较大的，处三年以下有期徒刑、拘役或者管制，并处或者单处罚金；数额巨大或者有其他严重情节的，处三年以上十年以下有期徒刑，并处罚金；数额特别巨大或者有其他特别严重情节的，处十年以上有期徒刑或者无期徒刑，并处罚金或者没收财产。本法另有规定的，依照规定。

条文理解

诈骗罪是指以非法占有为目的，用虚构事实或者隐瞒真相的方法，骗取数额较大的公私财物的行为。诈骗罪侵犯的对象是公私财物所有权，仅限于国家、集体或个人的财物。根据《全国人民代表大会常务委员会关于<中华人民共和国刑法>第二百六十六条的解释》规定，以欺诈、伪造证明材料或者其他手段骗取养老、医疗、工伤、失业、生育等社会保险金或者其他社会保障待遇的，属于刑法第二百六十六条规定的诈骗公私财物的行为。因此，本案 W 某骗取工伤保险金、医疗保险金的行为构成诈骗罪。

工伤保险通过社会统筹的办法建立工伤保险基金，是对劳动者在生产经营活动中遭受意外伤害或职业病并由此造成死亡、暂时或永久丧失劳动能力时，给予劳动者法定医疗救治以及必要经济补偿的一种社会保障制度。被告人W某工作期间从车上掉下，造成右小腿和左踝关节骨折，被认定为工伤。其因工受伤本应得到人们的同情和帮助，但其见利忘义，心存侥幸，自以为神不知鬼不觉，使用伪造病历和住院收据欺骗单位，但法网恢恢、疏而不漏，W某的偷天换日之法不过是自欺欺人罢了。尼采说过“当你凝视深渊时，深渊也会在凝视你”，这要求我们干部职工应始终牢记，清白做人、干净做事、不为利诱、不越雷池，否则必将跌入犯罪深渊。

四、职务侵占罪

案例一

L 某原系某铁路局某车站职工。2015 年 11 月至 2016 年 4 月，L 某在担任车站售票员期间，利用管理售票、废票的职务之便，通过售票系统在废旧火车票上制作短途火车票套取空白票纸后，再制作长途火车票出售给旅客，以此非法占有 162 张长途火车票票款共计人民币 11.016 5 万元。

法院判决

人民法院判决被告人 L 某犯职务侵占罪，判处有期徒刑八个月。扣押在案人民币 11.016 5 万元，发还某车站。

法律规定

《刑法》第二百七十一条职务侵占罪等规定，公司、企业或者其他单位的人员，利用职务上的便利，将本单位财物非法占为己有，数额较大的，处三年以下有期徒刑或者拘役，并处罚金；数额巨大的，处三年以上十年以下有期徒刑，并处罚金；数额特别巨大的，处十年以上有期徒刑或者无期徒刑，并处罚金。

条文理解

根据《最高人民法院、最高人民检察院关于办理贪污贿赂刑事案件适用法律若干问题的解释》（法释〔2016〕9 号）规定，职务侵占罪中的“数额较大”“数额巨大”的数额起点，按照受贿罪、贪污罪相对应的数额标准规定的二倍、五倍执行，即职务侵占数额在 6 万元以上不满 100 万元的，应当认定为“数额较大”；职务侵占数额在 100 万元以上的，应当认定为“数额巨大”。

人人都知道“当官的”利用职务权力谋取单位财物，是贪污、是犯罪；但是却较少有人认识到，一名普通职工在本职工作岗位上，也可能侵占单位财物，触犯法律。被告人L某利用职务上的便利，以非法手段将票款据为己有，触犯了国家法律，走上了犯罪的道路。作为铁路职工要珍惜工作岗位，爱岗敬业，公私分明，守住最基本的法律底线，不能将手伸向国家、集体的财产，断送来之不易的幸福生活。

案例二

X 某原系某铁路局某车站职工。2016 年 7 月，X 某在某车站售票厅当班期间，利用职务上的便利，侵吞卷走车站售票款共计人民币 24.612 5 万元，将大部分票款直接或转账存入亲朋的银行账号内。后其向公安机关投案自首。

法院判决

X某无视国家法律，身为铁路职工，利用职务上的便利，将本单位财物非法占为己有，数额较大，其行为已构成职务侵占罪。其犯罪后主动投案，如实交代犯罪事实，系自首，可以从轻或者减轻处罚。被告人犯罪后让家属代为退还全部赃款，且悔罪，可酌情从轻处罚。人民法院判决X某犯职务侵占罪，判处拘役六个月，缓刑九个月。

法律规定

《刑法》第二百七十一条职务侵占罪规定，公司、企业或者其他单位的人员，利用职务上的便利，将本单位财物非法占为己有，数额较大的，处三年以下有期徒刑或者拘役，并处罚金；数额巨大的，处三年以上十年以下有期徒刑，并处罚金；数额特别巨大的，处十年以上有期徒刑或者无期徒刑，并处罚金。

条文理解

构成职务侵占罪的主体，必须符合以下条件：（一）主体必须是公司、企业或者其他单位的人员。这就包括了非国有有限责任公司、股份有限公司、盈利性经济组织以及除此之外的社会团体、经济组织等。（二）行为人利用职务上的便利，将本单位财物非法占为己有。本罪侵犯的对象是公司、企业或其他单位的财物，包括动产和不动产，不仅包括单位已经占有的，也包括有占有权但未占有的财物。国有公司、企业或者其他国有单位中从事公务的人员和国有公司、企业或者其他国有单位委派到非国有公司、企业以及其他单位从事公务的人员有上述行为的，依照贪污罪定罪处罚。

工作要踏踏实实，严格遵守国家法律和企业规定，杜绝不劳而获、天上掉馅饼的“空想”。国家法律法规对胆大妄为、心存侥幸、顶风作案的非法侵占行为予以严厉打击，绝不姑息。“法网恢恢疏而不漏”，铁路职工应当勤恳工作，用自己的劳动创造幸福的生活。

案例三

W 某原系某铁路局某车辆段职工。2014 年至 2015 年间，W 某利用库检车间工长的职务便利，假借维修之名，从单位领取 FERRAZ 32A 熔断器、25G DC600V1T1 型触摸屏和 PLC 控制器、DL-Ⅱ型代理接点等车辆配件，私自售卖给收赃人 Y 某；案发后，侦查机关依法从 Y 某家中扣押 W 某卖给 Y 某的配件，从

W 某私存配件的小房间扣押 25G DC600V1T1 型触摸屏一个，涉案金额共计 251 167.33 元。2016 年 1 月 W 某因涉嫌犯职务侵占罪被公安机关逮捕。

法院判决

人民法院判决被告人 W 某犯职务侵占罪，判处有期徒刑一年五个月；已退缴的违法所得 10 万元予以追缴，上缴国库；未退缴的违法所得继续追缴，上缴国库。作案工具三星 SCH-I939 D 手机一部，予以没收。

法律规定

《刑法》第二百七十一条职务侵占罪规定，公司、企业或者其他单位的人员，利用职务上的便利，将本单位财物非法占为己有，数额较大的，处三年以下有期徒刑或者拘役，并处罚金；数额巨大的，处三年以上十年以下有期徒刑，并处罚金；数额特别巨大的，处十年以上有期徒刑或者无期徒刑，并处罚金。

条文理解

所谓利用职务上的便利，是指利用职权及与职务有关的便利条件。职权，是指本人职务、岗位范围内的权力。与职务有关的便利条件，是指虽然不是直接利用职务或岗位上的权限，但却利用了本人的职权或地位所形成的便利条件，或通过其他人员利用职务或地位上的便利条件。包括：（一）利用自己主管、分管、经手、决定或处理以及经办一定事项等的权力；（二）依靠、凭借自己的权力去指挥、影响下属或利用其他人员的与职务、岗位有关的权限；（三）依靠、凭借权限、地位控制、左右其他人员，或者利用对己有所求人员的权限，如单位领导利用调拨、处置单位财产的权力；出纳利用经手、管理钱财的权利；一般职工利用单位暂时将财物，如房屋等交给自己使用、保管的权利等。

随着我国改革开放不断深入，经济体制改革不断深化，在市场主体多样化、经济成分多元化的大背景下，一些公司、企业或其他单位人员职务侵占的案件呈上升趋势。职务侵占行为是一种相对于“单位”而言的背信行为，如利用职务之便盗窃财物，以涂改账目、伪造单据等方法骗取财物，执行职务经手的财物应上交未上交等等，故而“单位”人员实施职务侵占行为就辜负了“单位”对其信任并致“单位”遭受财产损失。

“前车之覆，后车之鉴”，职务侵占的真实案例就发生在我们身边，触目惊心。通过案例，不难发现职务侵占的行为人因人生观、价值观扭曲，禁不住金钱权力的诱惑，无视法律、铤而走险而最终身陷囹圄，不仅断送了自身前途，还给家庭、亲人造成了不可磨灭的影响。因此，切莫因一时私欲，假借职务之名打“擦边球”。铁路企业和职工应时刻警钟长鸣，做到从源头上预防遏制职务犯罪。

五、强迫交易罪　敲诈勒索罪

案例

C 某系原某铁路局某车站职工。2017 年至 2018 年间，C 某趁其家族企业某装卸公司承接车站外包业务之机，伙同某装卸公司职工 Z 某采取控制车皮、装卸渠道等手段迫使货主接受其提供的车皮服务，强迫货主按照每车人民币 300 元标准缴纳货场服务费，共计收受人民币 15.03 万元。另，某货主在车站发送小麦时，

C 某安排 Z 某以每车人民币 200 元的标准向该货主强行索要钱款，最终收受人民币 5 000 元。2019 年二人被公安机关逮捕。

法院判决

人民法院判决被告人 C 某犯强迫交易罪，判处有期徒刑一年，并处罚金人民币 2 万元；犯敲诈勒索罪，判处有期徒刑一年二个月，并处罚金人民币 1 万元；决定执行有期徒刑一年六个月，并处罚金 3 万元。人民法院判决被告人 Z 某犯强迫交易罪，判处有期徒刑八个月，并处罚金人民币 5 000 元；犯敲诈勒索罪，判处有期徒刑一年，并处罚金人民币 3 000 元；决定执行有期徒刑一年二个月，并处罚金人民币 8 000 元。

法律规定

《刑法》第二百二十六条强迫交易罪规定，以暴力、威胁手段，实施下列行为之一，情节严重的，处三年以下有期徒刑或者拘役，并处或者单处罚金；情节特别严重的，处三年以上七年以下有期徒刑，并处罚金：

（一）强买强卖商品的；

（二）强迫他人提供或者接受服务的；

（三）强迫他人参与或者退出投标、拍卖的；

（四）强迫他人转让或者收购公司、企业的股份、债券或者其他资产的；

（五）强迫他人参与或者退出特定的经营活动的。

《刑法》第二百七十四条敲诈勒索罪规定，敲诈勒索公私财物，数额较大或者多次敲诈勒索的，处三年以下有期徒刑、拘役或者管制，并处或者单处罚金；数额巨大或者有其他严重情节的，处三年以上十年以下有期徒刑，并处罚金；数额特别巨大或者有其他特别严重情节的，处十年以上有期徒刑，并处罚金。

条文理解

强迫交易罪，是指以暴力、威胁手段强买强卖商品，强迫他人提供服务或强迫他人接受服务，情节严重的行为。违背他人意志，强迫他人与自己或者第三人交易，是强迫交易罪的本质特征。该类犯罪侵犯了相对方的平等交易权益，损害了商品交易市场秩序。客观方面表现为以暴力、威胁手段强买强卖的情节严重行为。单位和自然人均可成为犯罪主体。主观方面，表现为直接故意，不包括间接故意或过失。

敲诈勒索罪，是指以非法占有为目的，对被害人使用恐吓、威胁或要挟的方法，非法占有被害人公私财物的行为。非法强索他人财物，是敲诈勒索罪的本质特征。该类犯罪侵犯了财产所有权，还可能损害人身权利以及其他权利。客观方面表现为行为人采取威胁、要挟、恫吓等手段，迫使被害人交出财物，两年内敲诈勒索 3 次以上的，应当认定为“多次敲诈勒索”。自然人为犯罪主体。主观方面，表现为直接故意。

警　示

莫伸手，伸手必被捉。职工内外勾结侵占他人财产的行为，已经严重损害了铁路企业形象，是极其典型的犯罪行为，应依法受到惩处。在全面依法治国不断深入推进的今天，扫黑除恶一刻都没有放松，每个人都要把好“遵纪守法”的底线，老老实实做人，踏踏实实做事，抛弃侥幸心理和占便宜心理，做好为旅客货主服务的服务员。

社会主义制度下，每个公民都是在按劳分配、多劳多得、少劳少得的分配制度下取得收入的，要取得合理的收入，前提是付出了自己的劳动，做出了自己的贡献。妄想不劳而获甚至通过违法犯罪取得收入，是误入歧途。铁路职工要树立正确的价值观，勤劳踏实工作，心安理得取得合法收入，才能行得正，坐得直，走得远。

六、敲诈勒索罪

案例

Z某原系某铁路局某电务段职工。2013年，Z某与他人合伙共同承包了某建设工程土方外运劳务，并签订了合同书。工程开工后，Z某认为合同额过低，导致亏损，多次与建设方协商，都未能达成一致，合同额维持原状。遂采取围堵工地，阻止建设施工的方式威胁建设方，并给参与围堵的人员发放奖金。建设方迫于无奈支付人民币 6 万元。2014 年 8 月，Z 某到公安机关投案自首。案发后，Z 某退还赃款，被害人表示谅解。

法院判决

Z 某以非法占有为目的，使用威胁的方法，强行索取他人财物，数额巨大，其行为已经构成敲诈勒索罪。其主动到公安机关投案，如实供述所犯罪行，系自首，可以从轻或者减轻处罚。其已退缴赃款，并取得了被害人的谅解，且认罪态度较好，确有悔改表现，可依法适用缓刑。人民法院判决被告人 Z 某犯敲诈勒索罪，判处有期徒刑二年，缓刑二年，并处罚金人民币 2 万元。

法律规定

《刑法》第二百七十四条敲诈勒索罪规定，敲诈勒索公私财物，数额较大或者多次敲诈勒索的，处三年以下有期徒刑、拘役或者管制，并处或者单处罚金；数额巨大或者有其他严重情节的，处三年以上十年以下有期徒刑，并处罚金；数额特别巨大或者有其他特别严重情节的，处十年以上有期徒刑，并处罚金。

条文理解

敲诈勒索罪是指以非法占有为目的，对被害人使用恐吓、威胁或要挟的方法，非法占用被害人公私财物的行为。根据《最高人民法院、最高人民检察院关于办理敲诈勒索刑事案件适用法律若干问题的解释》（法释〔2013〕10号）第一条规定，敲诈勒索公私财物价值 2 000 元至 5 000 元以上、3 万元至 10 万元以上、30 万元至 50 万元以上的，应当分别认定为刑法第二百七十四条规定的“数额较大”“数额巨大”“数额特别巨大”。各省、自治区、直辖市高级人民法院、人民检察院可以根据本地区经济发展状况和社会治安状况，在前款规定的数额幅度内，共同研究确定本地区执行的具体数额标准，报最高人民法院、最高人民检察院批准。

经济交往是价值的交换，一旦一方觉得获取的价值不及给付的价值，难免会找对方“讨公道”。对于“讨”的方式和“公道”的评判，必须要以道德为参考、以法律为准绳，一旦跨过法律的“红线”，必将受到法律的严惩。依法维护个人合法利益，必须作为维权路上的行为准则常伴我们左右。

第五部分

妨害社会管理秩序罪

一、妨害公务罪

案例

G 某原系某铁路局某车务段职工。2016 年 3 月某日，G 某与同村的朋友酒后驾驶电动车在某街道中间来回转，导致过往车辆无法正常行驶，并与开车路过的 J 某等人发生冲突，后 J 某报警。2 名公安机关民警接到指令执行出警公务，被 G 某殴打并辱骂、威胁，遂将其带入警车内。随后赶到现场的 G 某妻子 L 某先后朝

2名民警胸口处击打，并捡拾砖块打砸警车玻璃，妨害民警执行公务。后G某因涉嫌犯妨害公务罪被公安机关刑事拘留。

法院判决

G某以暴力、威胁方法阻碍国家机关工作人员依法执行职务，人民法院判决G某犯妨害公务罪，判处有期徒刑二年。

法律规定

《刑法》第二百七十七条妨害公务罪规定，以暴力、威胁方法阻碍国家机关工作人员依法执行职务的，处三年以下有期徒刑、拘役、管制或者罚金。

以暴力、威胁方法阻碍全国人民代表大会和地方各级人民代表大会代表依法执行代表职务的，依照前款的规定处罚。

在自然灾害和突发事件中，以暴力、威胁方法阻碍红十字会工作人员依法履行职责的，依照第一款的规定处罚。

故意阻碍国家安全机关、公安机关依法执行国家安全工作任务，未使用暴力、威胁方法，造成严重后果的，依照第一款的规定处罚。

暴力袭击正在依法执行职务的人民警察的，处三年以下有期徒刑、拘役或者管制；使用枪支、管制刀具，或者以驾驶机动车撞击等手段，严重危及其人身安全的，处三年以上七年以下有期徒刑。

条文理解

“依法执行职务”是指国家机关工作人员在国家规定的范围内，运用其合法职权从事公务活动。这种公务活动，不仅包括国家机关工作人员在工作时间或工作单位中所进行的公务活动，还包括国家工作人员根据有关规定或命令在其他时间或场所内的公务活动。例如，公安人员在任何时间或地点，都有权抓捕正在进行犯罪活动的犯罪嫌疑人，对其以暴力或威胁方法进行阻碍，就构成犯罪。

“暴力”是指行为人对正在依法执行职务的国家工作人员的身体实施了暴力打击或者人身强制，如殴打行为、捆绑行为等。“威胁”是指行为人以杀害、伤害、毁坏财产、破坏名誉、扣押人质等对正在依法执行职务的国家机关工作人员进行威逼、胁迫，企图迫使国家机关工作人员放弃执行职务。

警　示

人民警察依法执行职务是为了维护社会秩序，保护公民的人身和财产安全。作为公民，在日常生活中，应该尊重警察，在警察执法过程中，务必听从指挥，不能妄图逃避检查，更不能横加阻拦或辱骂、殴打警察。《中华人民共和国警察法》第三十四条，人民警察依法执行职务，公民和组织应当给予支持和协助。公民和组织协助人民警察依法执行职务的行为受法律保护。须知，配合警察执法是每个公民应尽的义务。

二、破坏计算机信息系统罪

案例

L某原系某铁路局某机务段职工。2015年9月某日，L某在单位办公室使用单位配置给其的生产网络计算机，用IE浏览器访问设备WEB管理界面，并使用猜测的用户名和密码一次性登录成功。随后L某通过设备自带的“集群”“NTDP”“拓扑收集”等功能将相邻的共5组10台交换机加入到一个集群进行统一管理，并使用系统自带的“初始化”功能对上述集群内设备进行初始化操作，使交换机上行端口配置属性被修改，造成网络中断。L 某行为直接造成上述 5 组 10 台交换机网络中断，交换机上承载的计算机信息系统不能正常运行，导致生产网络中的调度系统日班计划系统等 12 个应用系统网络中断 43 分钟。案发后 L 某被公安机关抓获。

法院判决

L 某违反国家规定，对计算机信息系统功能进行修改，造成计算机信息系统不能正常运行，后果严重，其行为已构成破坏计算机信息系统罪。其如实供述自己的罪行，依法可从轻处罚。人民法院判决被告人 L 某犯破坏计算机信息系统罪，判处拘役五个月，缓刑八个月，扣押作案工具 WD 硬盘一个，予以没收。

法律规定

《刑法》第二百八十六条破坏计算机信息系统罪规定，违反国家规定，对计算机信息系统功能进行删除、修改、增加、干扰，造成计算机信息系统不能正常运行，后果严重的，处五年以下有期徒刑或者拘役；后果特别严重的，处五年以上有期徒刑。

违反国家规定，对计算机信息系统中存储、处理或者传输的数据和应用程序进行删除、修改、增加的操作，后果严重的，依照前款的规定处罚。

故意制作、传播计算机病毒等破坏性程序，影响计算机系统正常运行，后果严重的，依照第一款的规定处罚。

单位犯前三款罪的，对单位判处罚金，并对其直接负责的主管人员和其他直接责任人员，依照第一款的规定处罚。

条文理解

按照《刑法》规定，破坏计算机信息系统犯罪行为包括下列3种情况：（1）破坏计算机信息系统功能；（2）破坏计算机信息系统中存储、处理或者传输的数据和应用程序；（3）故意制作、传播计算机病毒等破坏性程序，影响计算机系统正常运行。年满16周岁具有刑事责任能力的自然人均可构成本罪，实践中通常是那些精通计算机技术、知识的专业人员，如计算机程序设计人员、计算机操作、管理维修人员等。在主观方面必须出于故意，过失不能构成本罪。

根据《最高人民法院、最高人民检察院关于办理危害计算机信息系统安全刑事案件应用法律若干问题的解释》（法释〔2011〕19号）第四条规定，破坏计算机信息系统功能、数据或者应用程序，具有下列情形之一的，应当认定为刑法第二百八十六条第一款和第二款规定的“后果严重”：（一）造成10台以上计算机信息系统的主要软件或者硬件不能正常运行的；（二）对20台以上计算机信息系统中存储、处理或者传输的数据进行删除、修改、增加操作的；（三）违法所得5 000元以上或者造成经济损失1万元以上的；（四）造成为100台以上计算机信息系统提供域名解析、身份认证、计费等基础服务或者为1万以上用户提供服务的计算机信息系统不能正常运行累计1小时以上的；（五）造成其他严重后果的。实施前款规定行为，具有下列情形之一的，应当认定为破坏计算机信息系统“后果特别严重”：（一）数量或者数额达到前款第（一）项至第（三）项规定标准五倍以上的；（二）造成为500台以上计算机信息系统提供域名解析、身份认证、计费等基础服务或者为5万以上用户提供服务的计算机信息系统不能正常运行累计1小时以上的；（三）破坏国家机关或者金融、电信、交通、教育、医疗、能源等领域提供公共服务的计算机信息系统的功能、数据或者应用程序，致使生产、生活受到严重影响或者造成恶劣社会影响的；（四）造成其他特别严重后果的。

维护计算机信息安全已经是国际性的问题，计算机信息系统一旦遭到破坏，损失很大。国家对计算机信息系统安全问题予以高度关注，并严厉打击计算机相关犯罪。铁路职工应树立计算机网络安全意识和法治意识，除了保护个人工作及生活的计算机系统安全外，更不可破坏公共计算机信息系统，时刻牢记法律红线不可触碰。

三、寻衅滋事罪

案例

Z某原系某铁路局某车务段职工。2018年1月某日，Z某和同事聚餐饮酒后乘坐出租车回市区，在行车过程中，Z某无故辱骂并用拳头击打车上另一名女乘客G某。出租车司机劝说无效后报警，并劝G某下车。G某下车后，Z某仍紧随其后并继续殴打，经公安机关鉴定，G某构成轻伤二级。后Z某一次性赔偿G某治疗费、误工费等 10 万元，G 某对 Z 某予以谅解。

法院判决

Z 某酒后随意殴打他人，致一人轻伤，情节恶劣，构成寻衅滋事罪。由于 Z 某系初犯，到案后如实供述犯罪事实，并赔偿了被害人损失，取得了被害人的谅解，可酌情对其从宽处罚。人民法院判决被告人 Z 某犯寻衅滋事罪，判处有期徒刑一年零六个月，缓刑二年。

法律规定

《刑法》第二百九十三条寻衅滋事罪规定，有下列寻衅滋事行为之一，破坏社会秩序的，处五年以下有期徒刑、拘役或者管制：

（一）随意殴打他人，情节恶劣的；

（二）追逐、拦截、辱骂、恐吓他人，情节恶劣的；

（三）强拿硬要或者任意损毁、占用公私财物，情节严重的；

（四）在公共场所起哄闹事，造成公共场所秩序严重混乱的。

纠集他人多次实施前款行为，严重破坏社会秩序的，处五年以上十年以下有期徒刑，可以并处罚金。

条文理解

寻衅滋事罪破坏的是社会秩序，即根据法律和社会公德确立的公共生活规则所维持的社会正常秩序，主要指公共场所秩序。根据《最高人民检察院、公安部关于印发〈最高人民检察院、公安部关于公安机关管辖的刑事案件立案追诉标准的规定（一）的补充规定〉的通知》（公通字〔2017〕12 号）第八条规定，寻衅滋事案的立案追诉标准为：

随意殴打他人，破坏社会秩序，涉嫌下列情形之一的，应予立案追诉：(一)致1人以上轻伤或者2人以上轻微伤的；（二）引起他人精神失常、自杀等严重后果的；(三)多次随意殴打他人的；(四)持凶器随意殴打他人的；(五)随意殴打精神病人、残疾人、流浪乞讨人员、老年人、孕妇、未成年人，造成恶劣社会影响的；（六）在公共场所随意殴打他人，造成公共场所秩序严重混乱的；（七）其他情节恶劣的情形。

追逐、拦截、辱骂、恐吓他人，破坏社会秩序，涉嫌下列情形之一的，应予立案追诉：(一)多次追逐、拦截、辱骂、恐吓他人，造成恶劣社会影响的；（二）持凶器追逐、拦截、辱骂、恐吓他人的；（三）追逐、拦截、辱骂、恐吓精神病人、残疾人、流浪乞讨人员、老年人、孕妇、未成年人，造成恶劣社会影响的；(四)引起他人精神失常、自杀等严重后果的；(五)严重影响他人的工作、生活、生产、经营的；（六）其他情节恶劣的情形。

强拿硬要或者任意损毁、占用公私财物，破坏社会秩序，涉嫌下列情形之一的，应予立案追诉：（一）强拿硬要公私财物价值1 000元以上，或者任意损毁、占用公私财物价值2 000元以上的；（二）多次强拿硬要或者任意损毁、占用公私财物，造成恶劣社会影响的；（三）强拿硬要或者任意损毁、占用精神病人、残疾人、流浪乞讨人员、老年人、孕妇、未成年人的财物，造成恶劣社会影响的；(四)引起他人精神失常、自杀等严重后果的；(五)严重影响他人的工作、生活、生产、经营的；（六）其他情节严重的情形。

在车站、码头、机场、医院、商场、公园、影剧院、展览会、运动场或者其他公共场所起哄闹事，应当根据公共场所的性质、公共活动的重要程度、公共场所的人数、起哄闹事的时间、公共场所受影响的范围与程度等因素，综合判断是否造成公共场所秩序严重混乱。

我们在生活工作中遇事须冷静，不能逞一时意气丧失理智，也不能因琐事矛盾暴力发泄，更不能因为喝了酒就逞强耍横、小题大做而害人害己。网络发言也要有度，不能损害他人权益，破坏社会秩序。任何时候都要遵纪守法，否则，你可能就是下一个被法律打击的“恶”人。

四、组织、利用会道门、邪教组织、利用迷信破坏法律实施罪

案例

L某原系某铁路局某机务段职工。2013年5月某日，L某被某市公安机关国保支队抓获，在其住处发现“××功”邪教书籍及相关宣传材料，经查证实：L某在家中学习、制作“××功宣传品”，对此给予行政拘留15日处罚；2013年6月L某因涉嫌利用邪教组织破坏法律罪被某市公安机关逮捕。

法院判决

人民法院判决被告人L某犯利用邪教组织破坏法律实施罪，判处有期徒刑四年。

法律规定

《刑法》第三百条组织、利用会道门、邪教组织、利用迷信破坏法律实施罪规定，组织、利用会道门、邪教组织或者利用迷信破坏国家法律、行政法规实施的，处三年以上七年以下有期徒刑，并处罚金；情节特别严重的，处七年以上有期徒刑或者无期徒刑，并处罚金或者没收财产；情节较轻的，处三年以下有期徒刑、拘役、管制或者剥夺政治权利，并处或单处罚金。

组织、利用会道门、邪教组织或者利用迷信蒙骗他人，致人重伤、死亡的，依照前款的规定处罚。

犯第一款罪又有奸淫妇女、诈骗财物等犯罪行为的，依照数罪并罚的规定处罚。

条文理解

根据《最高人民法院、最高人民检察院关于办理组织、利用邪教组织破坏法律实施等刑事案件适用法律若干问题的解释》（法释〔2017〕3号）第二条规定，组织、利用邪教组织，破坏国家法律、行政法规实施，具有下列情形之一的，应当依照刑法第三百条第一款的规定，处三年以上七年以下有期徒刑，并处罚金：（一）建立邪教组织，或者邪教组织被取缔后又恢复、另行建立邪教组织的；（二）聚众包围、冲击、强占、哄闹国家机关、企业事业单位或者公共场所、宗教活动场所，扰乱社会秩序的；（三）非法举行集会、游行、示威，扰乱社会秩序的；（四）使用暴力、胁迫或者以其他方法强迫他人加入或者阻止他人退出邪教组织的；（五）组织、煽动、蒙骗成员或者他人不履行法定义务的；（六）使用“伪基站”“黑广播”等无线电台（站）或者无线电频率宣扬邪教的；（七）曾因从事邪教活动被追究刑事责任或者两年内受过行政处罚，又从事邪教活动的；（八）发展邪教组织成员 50 人以上的；（九）敛取钱财或者造成经济损失 100 万元以上的；（十）以货币为载体宣扬邪教，数量在 500 张（枚）以上的；（十一）制作、传播邪教宣传品，达到下列数量标准之一的：1. 传单、喷图、图片、标语、报纸 1 000 份（张）以上的；2. 书籍、刊物 250 册以上的；3. 录音带、录像带等音像制品 250 盒（张）以上的；4. 标识、标志物 250 件以上的；5. 光盘、U 盘、储存卡、移动硬盘等移动存储介质 100 个以上的；6. 横幅、条幅 50 条（个）以上的；（十二）利用通信信息网络宣扬邪教，具有下列情形之一的：1. 制作、传播宣扬邪教的电子图片、文章 200 张（篇）以上，电子书籍、刊物、音视频 50 册（个）以上，或者电子文档 500 万字符以上、电子音视频 250 分钟以上的；2. 编发信息、拨打电话 1 000 条（次）以上的；3. 利用在线人数累计达到 1 000 以上的聊天室，或者利用群组成员、关注人员等账号数累计 1 000 以上的通信群组、微信、微博等社交网络宣扬邪教的；4. 邪教信息实际被点击、浏览数达到 5 000 次以上的；（十三）其他情节严重的情形。

警　示

邪教组织煽动信徒走出来与国家作战，矛头直指党和政府，公然指向并威胁国家安全、政权稳定，已经构成了对党和国家的严重危害。对此我们要坚决做到以下三点。一是不听、不信、不传。不听邪教的歪理邪说，不相信其骗人的鬼话，更不要帮着去传播。对不怀好意的人给予的小恩小惠，要提高警惕，防止上当受骗。二是要勇于检举揭发邪教组织的违法犯罪活动。发现邪教非法活动，要及时向公安机关或当地党政组织报告。三是要破除封建迷信思想，切忌“病急乱投医”，树立科技致富、勤劳致富思想，通过自己的双手创造美好生活。

五、开设赌场罪

案例

W某原系某铁路局某车站职工。2017年1月起，W某与同伙购买赌博设备，放置于出租屋内，开设赌场并使用，同时，雇佣7人在赌场分别负责记账、上分、看门、放风等工作，W某负责赌场的日常管理。2017年6月，公安机关根据匿名举报，当场查获2台捕鱼机（每台8个操作机位），1台九莲宝灯游戏机（8

个操作机位），7 台无敌战车游戏机，1 台美人如画游戏机。经检验，上述游戏机均具有赌博机的功能，均属于赌博机，总台数 32 台。

法院判决

W 某为获取非法利益，与他人在租赁的房屋内设置具有赌博功能的游戏设备，供他人进行赌博活动，其行为构成开设赌场罪，其到案后能如实供述其主要犯罪事实，可从轻处罚。人民法院判决被告人 W 某犯开设赌场罪，判处有期徒刑一年，并处罚金人民币 5 000 元。

法律规定

《刑法》第三百零三条赌博罪规定，以营利为目的，聚众赌博或者以赌博为业的，处三年以下有期徒刑、拘役或者管制，并处罚金。

开设赌场罪规定，开设赌场的，处五年以下有期徒刑、拘役或者管制，并处罚金；情节严重的，处五年以上十年以下有期徒刑，并处罚金。

组织中华人民共和国公民参与国（境）外赌博，数额巨大或者有其他严重情节的，依照前款的规定处罚。

条文理解

根据《最高人民法院、最高人民检察院、公安部关于办理利用赌博机开设赌场案件适用法律若干问题的意见》（公通字〔2014〕17 号）第一条规定，设置具有退币、退分、退钢珠等赌博功能的电子游戏设施设备，并以现金、有价证券等贵重款物作为奖品，或者以回购奖品方式给予他人现金、有价证券等贵重款物（以下简称设置赌博机）组织赌博活动的，应当认定为刑法第三百零三条第二款规定的“开设赌场”行为。

关于利用赌博机开设赌场的定罪处罚标准，根据上述意见第二条规定，设置赌博机组织赌博活动，具有下列情形之一的，应当按照刑法第三百零三条第二款开设赌场罪进行定罪处罚。（一）设置赌博机 10 台以上的；（二）设置赌博机 2 台以上，容留未成年人赌博的；（三）在中小学校附近设置赌博机 2 台以上的；（四）违法所得累计达到 5 000 元以上的；（五）赌资数额累计达到 5 万元以上的；（六）参赌人数累计达到 20 人以上的；（七）因设置赌博机被行政处罚后，两年内再设置赌博机 5 台以上的；（八）因赌博、开设赌场犯罪被刑事处罚后，五年内再设置赌博机 5 台以上的；（九）其他应当追究刑事责任的情形。设置赌博机组织赌博活动，具有下列情形之一的，应当认定为刑法第三百零三条第二款开设赌场罪规定的“情节严重”：（一）数量或者数额达到第二条第一款第一项至第六项规定标准六倍以上的；（二）因设置赌博机被行政处罚后，两年内再设置赌博机 30 台以上的；（三）因赌博、开设赌场犯罪被刑事处罚后，五年内再设置赌博机 30 台以上的；（四）其他情节严重的情形。可同时供多人使用的赌博机，台数按照能够独立供一人进行赌博活动的操作基本单元的数量认定。在两个以上地点设置赌博机，赌博机的数量、违法所得、赌资数额、参赌人数等均合并计算。

赌博是社会的一大公害，不仅扰乱正常的工作生活秩序，还会破坏家庭幸福，断送个人前程，于党纪国法所不容。开设赌场为赌博提供了滋生的土壤和成长的温床，无疑会将更多的人拖入难以抽身的沼泽，让更多的家庭陷入无边痛苦的泥潭，是国家严厉打击的犯罪行为。作为铁路职工，应踏实工作，切勿幻想“一夜暴富”而参加赌博活动，更不能开设赌场，为虎作伥，最终害人害己。

六、窝藏、包庇罪

案例

L某原系某铁路局某机务段职工。2016年12月某日，L某乘坐A某驾驶的小型普通客车出行。客车在行驶过程中与一辆电动自行车相撞，致电动自行车驾驶人死亡，两车不同程度损坏。事故发生后，A某驾车逃逸，期间，L某驾驶该车帮助A某逃匿。为逃避法律追究，两人删除行车记录仪中车辆肇事的视频资料，并将肇事车辆隐藏。后两人到公安交通警察大队投案。经交警部门认定，A某驾驶机动车夜间及雨雾气象条件行驶时未降低行驶速度，发生道路交通事故后驾驶车辆逃逸，负此事故的全部责任。法院审理期间，两人与被害人家属达成和解协议，取得谅解。

法院判决

L某明知A某发生交通肇事，仍帮助其逃匿，已构成窝藏罪。犯罪以后主动投案，并如实供述罪行，系自首，可以从轻或者减轻处罚。其积极赔偿被害人家属的经济损失，并取得谅解，可以从轻处罚；确有悔罪表现，没有再犯罪危险，且经所居住社区矫正机构评估，判处缓刑对所居住社区无重大不良影响，可以宣告缓刑。人民法院判决被告人L某犯窝藏罪，判处有期徒刑一年，缓刑二年。

法律规定

《刑法》第三百一十条窝藏、包庇罪规定，明知是犯罪的人而为其提供隐藏处所、财物，帮助其逃匿或者作假证明包庇的，处三年以下有期徒刑、拘役或者管制；情节严重的，处三年以上十年以下有期徒刑。

犯前款罪，事前通谋的，以共同犯罪论处。

条文理解

窝藏、包庇罪中“犯罪的人”应做广义理解，包括判决前的犯罪人和判决后的犯罪人。“窝藏”是指为犯罪人提供隐藏住所、财物等，帮助其逃匿的行为；“包庇”指向公安、司法机关作虚假证明掩盖犯罪的人。只要行为人实施窝藏、包庇的行为，即成立本罪，主观方面为故意。窝藏、包庇罪是事后的“帮助行为”，如果事前有通谋则以共同犯罪论处。“情节严重”一般指窝藏多人的、多次实施窝藏行为的、窝藏罪行极其严重刑事犯罪分子的等等。

亲朋好友之间的互爱互助应以合法为前提，在得知亲友违法犯罪时，帮助其逃匿妄图逃脱法律制裁，不仅不能帮其减轻罪行，更将自己推入犯罪深渊，是为双输之举；切勿为了亲情、面子、义气等窝藏、包庇亲朋，不要把好心用错地方，触犯法律而后追悔莫及；应晓之以理，动之以情，积极说服犯罪人勇敢担责，及时投案自首，并助其改过自新，才是上策。要知道“情义”虽重，“法”更重！

七、拒不执行判决、裁定罪

案例

D 某原系某铁路局某机务段职工。D 某在担任某投资担保公司经理期间，该投资担保公司与 F 某之间因债权债务纠纷诉至法院，经法院调解达成调解协议，投资担保公司支付 F 某现金 200 万元及利息，D 某承担连带责任。后因 D 某及其所在的投资担保公司未履行还款义务，F 某向法院申请强制执行。法院立案后向

D某下达了执行通知书责令其履行还款义务并对D某名下的房产进行查封，但D某长期躲避执行，导致该案未能依法执行。

法院判决

D某对人民法院的裁定有能力执行而不执行，情节严重，构成拒不执行裁定罪。在审理过程中D某与申请执行人达成和解协议，取得了谅解，对其可酌情从轻处罚。人民法院判决D某犯拒不执行裁定罪，判处有期徒刑九个月。

法律规定

《刑法》第三百一十三条拒不执行判决、裁定罪规定，对人民法院的判决、裁定有能力执行而拒不执行，情节严重的，处三年以下有期徒刑、拘役或者罚金；情节特别严重的，处三年以上七年以下有期徒刑，并处罚金。

单位犯前款罪的，对单位判处罚金，并对其直接负责的主管人员和其他直接责任人员，依照前款的规定处罚。

条文理解

根据全国人民代表大会常务委员会关于《中华人民共和国刑法》第三百一十三条的解释，“人民法院的判决、裁定”是指人民法院依法作出的具有执行内容并已发生法律效力的判决、裁定。人民法院为依法执行支付令、生效的调解书、仲裁裁决、公证债权文书等所作的裁定属于该条规定的裁定。

“有能力执行而拒不执行，情节严重”的情形包括：（一）被执行人隐藏、转移、故意毁损财产或者无偿转让财产、以明显不合理的低价转让财产，致使判决、裁定无法执行的；（二）担保人或者被执行人隐藏、转移、故意毁损或者转让已向人民法院提供担保的财产，致使判决、裁定无法执行的；（三）协助执行义务人接到人民法院协助执行通知书后，拒不协助执行，致使判决、裁定无法执行的；（四）被执行人、担保人、协助执行义务人与国家机关工作人员通谋，利用国家机关工作人员的职权妨害执行，致使判决、裁定无法执行的；（五）其他有能力执行而拒不执行，情节严重的情形。

根据《最高人民法院关于审理拒不执行判决、裁定刑事案件适用法律若干问题的解释》（法释〔2015〕16号）规定，上述兜底条款“其他有能力执行而拒不执行，情节严重的情形”包括：（一）具有拒绝报告或者虚假报告财产情况、违反人民法院限制高消费及有关消费令等拒不执行行为，经采取罚款或者拘留等强制措施后仍拒不执行的；（二）伪造、毁灭有关被执行人履行能力的重要证据，以暴力、威胁、贿买方法阻止他人作证或者指使、贿买、胁迫他人作伪证，妨碍人民法院查明被执行人财产情况，致使判决、裁定无法执行的；（三）拒不交付法律文书指定交付的财物、票证或者拒不迁出房屋、退出土地，致使判决、裁定无法执行的；（四）与他人串通，通过虚假诉讼、虚假仲裁、虚假和解等方式妨害执行，致使判决、裁定无法执行的；（五）以暴力、威胁方法阻碍执行人员进入执行现场或者聚众哄闹、冲击执行现场，致使执行工作无法进行的；（六）对执行人员进行侮辱、围攻、扣押、殴打，致使执行工作无法进行的；（七）毁损、抢夺执行案件材料、执行公务车辆和其他执行器械、执行人员服装以及执行公务证件，致使执行工作无法进行的；（八）拒不执行法院判决、裁定，致使债权人遭受重大损失的。

人民法院是代表国家行使审判权的唯一机关，它对各类案件制作的判决和裁定，是代表国家行使审判权的具体形式。判决和裁定一旦生效，就具有法律强制力，有关当事人以及负有执行责任的机关、单位，都必须坚决执行。即使有不同意见，也只能依据法律规定采取正当程序进行抗辩，而不能抗拒执行。维护生效判决、裁定的权威，就是维护法律和法治的权威。成为被执行人并不可怕，可怕的是有能力履行而不履行。因为，在前方等待“老赖”的，绝不会是安逸的幸福生活，而一定是法律的严惩不贷！

八、走私、贩卖、运输、制造毒品罪

案例一

Y 某原系某铁路局某车务段职工。2013 年 12 月某日，Y 某指使其“毒友”F 某在某市一小区内以 800 元的价格将一包毒品贩卖给他人，F 某被公安机关民警当场抓获。经检测，该毒品含有甲基苯丙胺成分，重 1.89 克。同日在 F 某的配合下，公安机关民警将 Y 某抓获，并在其住处和口袋内提取毒品两包（分别重 0.40 克、

0.41 克）。经检测，上述毒品含有甲基苯丙胺成分。

法院判决

Y 某违反国家毒品管理法律法规，明知是毒品而予以贩卖。人民法院判决被告人 Y 某犯贩卖毒品罪，判处有期徒刑九个月，并处罚金人民币 2 000 元。涉案赃款依法追缴，上交国库。

法律规定

《刑法》第三百四十七条走私、贩卖、运输、制造毒品罪规定，走私、贩卖、运输、制造毒品，无论数量多少，都应当追究刑事责任，予以刑事处罚。

走私、贩卖、运输、制造毒品，有下列情形之一的，处十五年有期徒刑、无期徒刑或者死刑，并处没收财产：

（一）走私、贩卖、运输、制造鸦片 1 000 克以上、海洛因或者甲基苯丙胺 50 克以上或者其他毒品数量大的；

（二）走私、贩卖、运输、制造毒品集团的首要分子；

（三）武装掩护走私、贩卖、运输、制造毒品的；

（四）以暴力抗拒检查、拘留、逮捕，情节严重的；

（五）参与有组织的国际贩毒活动的。

走私、贩卖、运输、制造鸦片 200 克以上不满 1 000 克、海洛因或者甲基苯丙胺 10 克以上不满 50 克或者其他毒品数量较大的，处七年以上有期徒刑，并处罚金。

走私、贩卖、运输、制造鸦片不满 200 克、海洛因或者甲基苯丙胺不满 10 克或者其他少量毒品的，处三年以下有期徒刑、拘役或者管制，并处罚金；情节严重的，处三年以上七年以下有期徒刑，并处罚金。

单位犯第二款、第三款、第四款罪的，对单位判处罚金，并对其直接负责的主管人员和其他直接责任人员，依照各该款的规定处罚。

利用、教唆未成年人走私、贩卖、运输、制造毒品，或者向未成年人出售毒品的，从重处罚。

对多次走私、贩卖、运输、制造毒品，未经处理的，毒品数量累计计算。

条文理解

《刑法》所称的毒品，是指鸦片、海洛因、甲基苯丙胺（冰毒）、吗啡、大麻、可卡因以及国家规定管制的其他能够使人形成瘾癖的麻醉药品和精神药品。毒品的数量以查证属实的走私、贩卖、运输、制造、非法持有毒品的数量计算，不以纯度折算。

贩卖毒品是指有偿转让毒品或者以贩卖为目的而非法收购毒品。有偿转让毒品，即行为人将毒品交付给对方，并从对方获取物质利益。

毒品犯罪要求主观故意，行为人必须认识到自己走私、贩卖、运输、制造的是或者可能是毒品，但是本罪只要求行为人认识到是毒品，不要求对毒品的具体种类、名称、化学成分、效用等有认识，也不要求有营利目的，如为了赠与而制造毒品，仍构成制造毒品罪。

毒品对吸毒者本人、对家庭、对社会都会造成巨大的危害。毒品严重摧残吸毒者的身体，使其机体免疫力下降诱发多种疾病，并会导致其出现兴奋、幻觉甚至抑郁、自杀等精神心理障碍。吸毒者为了维持吸毒，往往会不惜一切代价筹集毒资，从而走上违法犯罪的道路，严重危害社会治安。对每一个人而言，“珍爱生命，远离毒品”，绝不仅是一句简单的口号。有些路，永远不能走，有的错，永远不能犯！一件件惨痛的吸毒贩毒案件警示我们：打击毒品，时不我待；打击贩毒，人人有责；拒绝毒品，从我做起！

案例二

W 某原系某铁路局职工。2015 年 6 月某日，W 某持铁路职工工作证乘坐火车时，将一包海洛因藏匿于纸质烟盒内，并放在随身携带的挎包里；将冰毒、麻古、海洛因各一包及吸管、锡纸等吸毒工具藏匿于金属烟盒里，并放在身着长裤右口袋内。在列车运行中 W 某被公安机关查获。

法院判决

W某无视国家法律，明知是毒品而非法运输，其行为已构成运输毒品罪；W某如实供述自己的罪行，依法可从轻处罚。人民法院判决被告人W某犯运输毒品罪，判处有期徒刑十一年，并处罚金人民币1万元；赃物甲基苯丙胺3.59克和海洛因40.21克及吸管三根、锡纸一块、烟盒等予以没收；被扣押的两部手机变价后作为罚金上缴国库。

法律规定

《刑法》第三百四十七条走私、贩卖、运输、制造毒品罪规定，走私、贩卖、运输、制造毒品，无论数量多少，都应当追究刑事责任，予以刑事处罚。

走私、贩卖、运输、制造毒品，有下列情形之一的，处十五年有期徒刑、无期徒刑或者死刑，并处没收财产：

（一）走私、贩卖、运输、制造鸦片1 000克以上、海洛因或者甲基苯丙胺50克以上或者其他毒品数量大的；

（二）走私、贩卖、运输、制造毒品集团的首要分子；

（三）武装掩护走私、贩卖、运输、制造毒品的；

（四）以暴力抗拒检查、拘留、逮捕，情节严重的；

（五）参与有组织的国际贩毒活动的。

走私、贩卖、运输、制造鸦片200克以上不满1 000克、海洛因或者甲基苯丙胺10克以上不满50克或者其他毒品数量较大的，处七年以上有期徒刑，并处罚金。

走私、贩卖、运输、制造鸦片不满200克、海洛因或者甲基苯丙胺不满10克或者其他少量毒品的，处三年以下有期徒刑、拘役或者管制，并处罚金；情节严重的，处三年以上七年以下有期徒刑，并处罚金。

单位犯第二款、第三款、第四款罪的，对单位判处罚金，并对其直接负责的主管人员和其他直接责任人员，依照各该款的规定处罚。

利用、教唆未成年人走私、贩卖、运输、制造毒品，或者向未成年人出售毒品的，从重处罚。

对多次走私、贩卖、运输、制造毒品，未经处理的，毒品数量累计计算。

条文理解

运输毒品是指采用携带、邮寄、利用他人或者使用交通工具等方法在我国领域内将毒品从此地转移到彼地。使毒品的所在地曾经发生了变化的行为，也是运输毒品。例如，先将毒品从甲地运往乙地，由于某种原因，又将毒品运回甲地的，属于运输毒品。运输毒品既遂的标准为正式进入运输状态，不要求运输到达目的地。

走私、贩卖、运输、制造鸦片 200 克以上不满 1 000 克、海洛因或者甲基苯丙胺 10 克以上不满 50 克或者其他毒品数量较大的，处七年以上有期徒刑，并处罚金。W 某运输甲基苯丙胺 3.59 克和海洛因 40.21 克，符合数量较大的量刑起点。

毒品对个人和社会都危害极大，目前毒品“新花样”很多，有鸦片、海洛因、冰毒、K粉、摇头丸等等。在国家严厉打击毒品犯罪的情况下，犯罪分子仍为了谋取暴利铤而走险，通过各种方式进行走私、贩卖、运输、制造毒品。随着犯罪手段方式多样化、网络化，毒品犯罪并非与普通人生活遥不可及，犯罪分子很容易通过国外代购、互联网交易、快递运输、新颖包装、仿照日常用品出售等隐蔽方式将毒品渗入我们的日常生活中，所以我们更应该时刻保持警惕，对未知危险的事物不要猎奇，远离陌生危险人群，慎重代人运输、携带不明物品，在公共场所不食用陌生人提供的酒水、食物等，开封后的酒水、食物不远离自己的视线，防止犯罪分子有可乘之机。吸毒害人害己害社会，毒贩子更是人人喊打。涉毒犯罪是严重犯罪行为，我们要坚决打击吸毒、贩毒等犯罪行为，让毒品没有生存之地。

第六部分

贪污贿赂罪

一、贪污罪

案例一

X 某原系某铁路局某车站站长。2012 年 8 月，某公司支付装车配合费人民币 114 000 元，由时任车站站长 X 某现金收取，其从中侵吞人民币 9 000 元用于个人消费。2012 年 4 月至 2013 年 5 月间，X 某现金收取某公司支付给车站的装车配合费 10 笔，共计人民币 20.119 万元，X 某将其中的 7.513 万元侵吞用于个人消费。

2014 年 5 月 X 某因涉嫌贪污被公安机关逮捕。破案后，收缴全部赃款。

法院判决

X 某侵吞国有财物的行为构成贪污罪，其犯罪后主动投案，如实供述自己的罪行，系自首，可以从轻或者减轻处罚。人民法院依法判决被告人 X 某犯贪污罪，判处有期徒刑三年、缓刑四年。

法律规定

《刑法》第三百八十二条贪污罪规定，国家工作人员利用职务上的便利，侵吞、窃取、骗取或者以其他手段非法占有公共财物的，是贪污罪。

受国家机关、国有公司、企业、事业单位、人民团体委托管理、经营国有财产的人员，利用职务上的便利，侵吞、窃取、骗取或者以其他手段非法占有国有财物的，以贪污论。

与前两款所列人员勾结，伙同贪污的，以共犯论处。

《刑法》第三百八十三条对犯贪污罪的处罚规定，对犯贪污罪的，根据情节轻重，分别依照下列规定处罚：

（一）贪污数额较大或者有其他较重情节的，处三年以下有期徒刑或者拘役，并处罚金。

（二）贪污数额巨大或者有其他严重情节的，处三年以上十年以下有期徒刑，并处罚金或者没收财产。

（三）贪污数额特别巨大或者有其他特别严重情节的，处十年以上有期徒刑或者无期徒刑，并处罚金或者没收财产；数额特别巨大，并使国家和人民利益遭受特别重大损失的，处无期徒刑或者死刑，并处没收财产。

对多次贪污未经处理的，按照累计贪污数额处罚。

犯第一款罪，在提起公诉前如实供述自己罪行、真诚悔罪、积极退赃，避免、减少损害结果的发生，有第一项规定情形的，可以从轻、减轻或者免除处罚；有第二项、第三项规定情形的，可以从轻处罚。

犯第一款罪，有第三项规定情形被判处死刑缓期执行的，人民法院根据犯罪情节等情况可以同时决定在其死刑缓期执行二年期满依法减为无期徒刑后，终身监禁，不得减刑、假释。

条文理解

职务犯罪是国家工作人员和其他在社会团体、企业、事业单位中依照法律、法规或者组织章程等从事公务的人员在履行职责过程中，利用职务上的便利条件，或者滥用职权，或者不正确履行职权所实施的违背职责要求的依照刑法规定应受刑罚处罚的行为的总称。

根据《刑法》第九十三条国家工作人员的范围规定，国家工作人员是指国家机关中从事公务的人员。国有公司、企业、事业单位、人民团体中从事公务的人员和国家机关、国有公司、企业、事业单位委派到非国有公司、企业、事业单位、社会团体从事公务的人员，以及其他依照法律从事公务的人员，以国家工作人员论。

根据《全国法院审理经济犯罪案件工作座谈会纪要》(法发〔2003〕167号)规定，从事公务，是指代表国家机关、国有公司、企业事业单位、人民团体等履行组织、领导、监督、管理等职责。公务主要表现为与职权相联系的公共事务以及监督、管理国有财产的职务活动，如国家机关工作人员依法履行职责，国有公司的董事、经理、监事、会计、出纳人员等管理、监督国有财产等活动，属于从事公务。那些不具备职权内容的劳务活动、技术服务工作，如售货员、售票员等所从事的工作，一般不认为是公务。

根据《最高人民法院、最高人民检察院关于办理贪污贿赂刑事案件适用法律若干问题的解释》（法释〔2016〕9号），贪污数额在3万元以上不满20万元的，应当认定为“数额较大”；贪污数额在1万元以上不满3万元，具有下列情形之一的，应当认定为“其他较重情节”：（一）贪污救灾、抢险、防汛、优抚、扶贫、移民、救济、防疫、社会捐助等特定款物的；（二）曾因贪污、受贿、挪用公款受过党纪、行政处分的；（三）曾因故意犯罪受过刑事追究的；（四）赃款赃物用于非法活动的；（五）拒不交待赃款赃物去向或者拒不配合追缴工作，致使无法追缴的；（六）造成恶劣影响或者其他严重后果的。

贪污或者受贿数额在 20 万元以上不满 300 万元的，应当认定为“数额巨大”；贪污数额在 10 万元以上不满 20 万元，具有以上六种情形之一的，应当认定为“其他严重情节”。

贪污或者受贿数额在 300 万元以上的，应当认定为“数额特别巨大”；贪污数额在 150 万元以上不满 300 万元，具有以上六种情形之一的，应当认定为“其他特别严重情节”。

权钱迷途，监督防线要筑牢。剖析被告人 X 某一案，不难发现，在其利用职务之便进行暗箱操作、徇私枉法的过程中，一直存在着相关部门把关不严、监督不力的问题。构建完善全方位、多层次、持续化的监督体系，“铁丝网”“高压线”必不可少。此外，还应充分调动社会各界的监督积极性，有效利用纪检监察、新闻媒体等各种监督资源，对利用职务之便行贿受贿等贪腐行为一揭到底、一查到底，有效震慑少数人的非分之想。铁路单位要进一步落实规章制度，严格岗位责任制。禁止越权办理业务，加强监督制约，落实谁签字、谁负责的规定。

案例二

M 某原系某铁路局某动车段段长，于 2014 年 2 月 28 日退休。2008 年至 2011 年间，M 某在担任段长期间，利用其职务便利，将本单位部分收入共计人民币 214.146 万元归其个人保管，在离任后将其所保管的钱款非法占为已有。2009 年至 2013 年间，M 某在担任段长期间，利用其职务便利，以单位名义向相关多经单位索要现金、购物卡等由其个人保管，在离任后将其保管的共计价值人民币530万余元的现金、购物卡等非法占为己有。2014年3月20日，检察机关对M某住处进行搜查，查获现金人民币755万余元和大量购物卡等物品。2015年5月18日，M某被检察机关提起公诉。

法院判决

人民法院判决被告人M某犯贪污罪，判处有期徒刑十年六个月，剥夺政治权利一年，并处罚金人民币70万元。

法律规定

《刑法》第三百八十二条贪污罪规定，国家工作人员利用职务上的便利，侵吞、窃取、骗取或者以其他手段非法占有公共财物的，是贪污罪。

受国家机关、国有公司、企业、事业单位、人民团体委托管理、经营国有财产的人员，利用职务上的便利，侵吞、窃取、骗取或者以其他手段非法占有国有财物的，以贪污论。

与前两款所列人员勾结，伙同贪污的，以共犯论处。

《刑法》第三百八十三条对犯贪污罪的处罚规定，对犯贪污罪的，根据情节轻重，分别依照下列规定处罚：

（一）贪污数额较大或者有其他较重情节的，处三年以下有期徒刑或者拘役，并处罚金。

（二）贪污数额巨大或者有其他严重情节的，处三年以上十年以下有期徒刑，并处罚金或者没收财产。

（三）贪污数额特别巨大或者有其他特别严重情节的，处十年以上有期徒刑或者无期徒刑，并处罚金或者没收财产；数额特别巨大，并使国家和人民利益遭受特别重大损失的，处无期徒刑或者死刑，并处没收财产。

对多次贪污未经处理的，按照累计贪污数额处罚。

犯第一款罪，在提起公诉前如实供述自己罪行、真诚悔罪、积极退赃，避免、减少损害结果的发生，有第一项规定情形的，可以从轻、减轻或者免除处罚；有第二项、第三项规定情形的，可以从轻处罚。

犯第一款罪，有第三项规定情形被判处死刑缓期执行的，人民法院根据犯罪情节等情况可以同时决定在其死刑缓期执行二年期满依法减为无期徒刑后，终身监禁，不得减刑、假释。

条文理解

构成贪污罪应具备以下条件：

（一）犯罪主体必须是国家工作人员。即国家机关中从事公务的人员，在国家权力机关、行政机关、司法机关以及军事机关中行使一定职权、履行一定职务的人员。国有公司、企业、事业单位、人民团体中从事公务的人员和国家机关、国有公司、企业、事业单位委派到非国有公司、企业事业单位、社会团体从事公务的人员，以及其他依照法律从事公务的人员，以国家工作人员论。

（二）侵犯的是公共财产。所谓公共财产是指国有财产、劳动群众集体所有的财产和用于扶贫和其他公益事业的社会捐助或者专项基金的财产。《刑法》第九十一条公共财产的范围规定，公共财产是指下列财产：国有财产，劳动群众集体所有的财产；用于扶贫和其他公益事业的社会捐助或者专项基金的财产。在国家机关、国有公司、企业、集体企业和人民团体管理、使用或者运输中的私人财产，以公共财产论。

（三）主观方面具有犯罪的故意。

（四）客观上主要表现为利用职务上的便利，侵吞、窃取、骗取或者以其他手段非法占有公共财物。

利用职务上的便利非法占有公共财物，是贪污罪的本质特征。在市场经济条件下，非法占有的表现形式复杂多样，既可以由本人占有，也可以处分给他人；既可以先占有后处分，也可以占有一部分的同时处分另一部分。只要未经所有权人同意而非法对财物进行具有所有权性质的处置，从而永久排除所有权人对财物行使所有权的，即构成非法占有。司法实践中，对于国家工作人员利用职务便利，采取各种非法手段将公共财物永久控制在个人手中，使财产所有权事实上发生转移的，无论是据为己有还是转送他人，均对公共财产所有权造成了实质性侵犯，构成犯罪的，依法应以贪污罪定罪处罚。

通过一些领导干部的“东窗事发”不难看出，其堕落的根源在于理想信念的动摇。有些领导干部在看到部分商人“锦衣玉食”的生活状态后产生心理失衡，从而产生贪腐心理，进而导致腐败行为。还有些领导干部由于对自身角色认知的错误，认为自身劳苦功高而没有获得等值的回报，从而采取非法手段谋取私利以作补偿，以期改善自身的心理不平衡状态。“物必先腐，而后虫生”，就腐败官员而言，必定是思想意识滑坡在前，腐败行为发生在后。作为领导干部必须坚持不懈地加强政治理论学习，不断筑牢理想信念，牢固树立正确的权力观，正确行使手中的权力，把聪明才智用在履职尽责上、用在推动企业改革发展上，切莫贪图荣华富贵，走上违法犯罪的不归路。

案例三

W 某原系某铁路局某电务段段长。2007 年起，W 某利用职务上的便利，以侵吞的手段非法占有公共财物共计人民币 159 万元。2015 年 7 月，W 某主动向单位陈述案情，随后应检察机关通知，接受了检察机关的询问。

法院判决

人民法院判决被告人 W 某犯贪污罪，判处有期徒刑三年，缓刑四年，并处罚金人民币 20 万元。退出的赃款返还单位。

法律规定

《刑法》第三百八十二条贪污罪规定，国家工作人员利用职务上的便利，侵吞、窃取、骗取或者以其他手段非法占有公共财物的，是贪污罪。

受国家机关、国有公司、企业、事业单位、人民团体委托管理、经营国有财产的人员，利用职务上的便利，侵吞、窃取、骗取或者以其他手段非法占有国有财物的，以贪污论。

与前两款所列人员勾结，伙同贪污的，以共犯论处。

《刑法》第三百八十三条对犯贪污罪的处罚规定，对犯贪污罪的，根据情节轻重，分别依照下列规定处罚：

（一）贪污数额较大或者有其他较重情节的，处三年以下有期徒刑或者拘役，并处罚金。

（二）贪污数额巨大或者有其他严重情节的，处三年以上十年以下有期徒刑，并处罚金或者没收财产。

（三）贪污数额特别巨大或者有其他特别严重情节的，处十年以上有期徒刑或者无期徒刑，并处罚金或者没收财产；数额特别巨大，并使国家和人民利益遭受特别重大损失的，处无期徒刑或者死刑，并处没收财产。

对多次贪污未经处理的，按照累计贪污数额处罚。

犯第一款罪，在提起公诉前如实供述自己罪行、真诚悔罪、积极退赃，避免、减少损害结果的发生，有第一项规定情形的，可以从轻、减轻或者免除处罚；有第二项、第三项规定情形的，可以从轻处罚。

犯第一款罪，有第三项规定情形被判处死刑缓期执行的，人民法院根据犯罪情节等情况可以同时决定在其死刑缓期执行二年期满依法减为无期徒刑后，终身监禁，不得减刑、假释。

条文理解

贪污罪属于一种严重的经济犯罪，不仅损害了党和国家的形象，阻碍了社会主义法治建设的进程，同时还降低了党政机关的工作效率，造成整个社会的信任危机。贪污罪客观方面，表现为行为人利用职务上的便利，以侵吞、窃取、骗取或者以其他手段非法占有公共财物。一般来说，“侵吞”是指国家工作人员利用职务上的便利，将暂时由自己合法管理、支配、使用或经手的公共财物非法据为己有；“盗窃”是指国家工作人员利用职务上的便利，秘密窃取由其本人暂时合法管理、支配、使用或经手的公共财物，即通常所说的监守自盗；“骗取”是指国家工作人员利用职务上的便利，采用虚构事实、隐瞒真相的方法，非法占有公共财物；“其他手段”是指国家工作人员利用职务上的便利，使用除侵吞、窃取、骗取以外的其他手段，非法占有公共财物。贪污罪是一种以非法占有为目的的财产性职务犯罪，与盗窃、诈骗、抢夺等侵犯财产罪一样，应当以行为人是否实际控制财物作为区分贪污罪既遂与未遂的标准。对于行为人利用职务上的便利，实施了虚假平账等贪污行为，但公共财物尚未实际转移，或者尚未被行为人控制就被查获的，应当认定为贪污未遂：行为人控制公共财物后，是否将财物据为己有，不影响贪污既遂的认定。

国有企业中从事公务的人员，属于职务犯罪中的国家工作人员范畴，其手中的权力，是公权不是私权，必须受到党纪国法的约束。通过组织的培养和自身不断努力，被告人W某从一名技术员成长为高级工程师，并走上了领导岗位。但随着岗位的变化和职务的提升，他却逐步放松了政治学习和思想改造。尤其在担任某电务段段长期间，他把政治理论学习视为一种负担，甚至放弃学习，经常借口工作忙不参加集体学习，对单位组织开展的廉洁警示教育也不重视。由于放松了学习和思想教育，导致其不能正确对待手中的权力和责任，不能抵御社会上不良习气的诱惑，被金钱攻破了“防线”，人生观、价值观、权力观发生扭曲，最终滑向犯罪深渊。该案警示我们，“贪如火，不遏则自焚；欲如水，不遏则自溺”。作为单位一把手，被告人W某应该知道利用职务之便，以权谋私的恶果，但他仍然心存侥幸、以身试法。他也许认为有“合同”作为“护身符”，暗箱操作不会出问题。所以在离任审计过程中对有关账外资金不交接、不报告，侥幸心理被再次放大，之后又指使他人多次转移有关款项，企图非法占有，最终走向犯罪。作为领导干部和管理人员，在利益诱惑面前，要经得住考验，在法律面前更不能心存侥幸，“法网恢恢，疏而不漏”，任何以侥幸心理来以身试法，必将受到法律严惩。

二、挪用公款罪

案例

Y 某原系某铁路运输贸易总公司总经理。2006 年起，Y 某利用职务便利，挪用公款人民币 40 万元归个人使用，超过三个月未归还。利用职务上的便利，侵吞本单位公款人民币 2.24 万元。作为国有企业的工作人员，滥用职权，造成国有企业严重损失。2013 年 9 月，Y 某因涉嫌挪用公款罪被公安机关逮捕。

法院判决

人民法院判决被告人Y某犯挪用公款罪，判处有期徒刑五年；犯贪污罪，判处有期徒刑一年；犯国有公司人员滥用职权罪，判处有期徒刑一年。决定执行有期徒刑六年。责令退出赃款人民币2.24万元发还被害单位。

法律规定

《刑法》第三百八十四条挪用公款罪规定，国家工作人员利用职务上的便利，挪用公款归个人使用，进行非法活动的，或者挪用公款数额较大、进行营利活动的，或者挪用公款数额较大、超过三个月未还的行为，是挪用公款罪，处五年以下有期徒刑或者拘役；情节严重的，处五年以上有期徒刑。挪用公款数额巨大不退还的，处十年以上有期徒刑或者无期徒刑。挪用用于救灾、抢险、防汛、优抚、扶贫、移民、救济款物归个人使用的，从重处罚。

条文理解

挪用公款是指国家工作人员，利用职务上的便利，挪用公款归个人使用，进行非法活动的，或者挪用公款数额较大、进行营利活动的，或者挪用公款数额较大、超过三个月未还的行为。挪用公款罪侵犯的客体，主要是公共财产的所有权，同时在一定程度上也侵犯了国家的财经管理制度，本罪侵犯的对象主要是公款。挪用公款罪的主体是特殊主体，即国家工作人员，这里所说的国家工作人员与前述贪污罪中国家工作人员的内涵、外延基本相同，同样具有特定性和公务（职务）性。

根据最高人民法院《关于审理挪用公款案件具体应用法律若干问题的解释》第二条规定，对挪用公款罪，应区分三种不同情况予以认定：

（一）挪用公款归个人使用，数额较大、超过三个月未还的，构成挪用公款罪。

挪用正在生息或者需要支付利息的公款归个人使用，数额较大，超过三个月但在案发前全部归还本金的，可以从轻处罚或者免除处罚。给国家、集体造成的利息损失应予追缴。挪用公款数额巨大，超过三个月，案发前全部归还的，可以酌情从轻处罚。

（二）挪用公款数额较大，归个人进行营利活动的，构成挪用公款罪，不受挪用时间和是否归还的限制。在案发前部分或者全部归还本息的，可以从轻处罚；情节轻微的，可以免除处罚。

挪用公款存入银行、用于集资、购买股票、国债等，属于挪用公款进行营利活动。所获取的利息、收益等违法所得，应当追缴，但不计入挪用公款的数额。

（三）挪用公款归个人使用，进行赌博、走私等非法活动的，构成挪用公款罪，不受"数额较大"和挪用时间的限制。

挪用公款给他人使用，不知道使用人用公款进行营利活动或者用于非法进行营利活动或者用于非法活动，数额较大、超过三个月未还的，构成挪用公款罪；挪用公款给他人使用，明知使用人用于营利活动或者非法活动的，应当认定为挪用人挪用公款进行营利活动或者非法活动。

根据上述司法解释第三条规定，挪用公款归个人使用，"数额较大、进行营利活动的"，或者"数额较大、超过三个月未还的"，以挪用公款1万元至3万元为"数额较大"的起点，以挪用公款15万元至20万元为"数额巨大"的起点。挪用公款"情节严重"，是指挪用公款数额巨大，或者数额虽未达到巨大，但挪用公款手段恶劣；多次挪用公款；因挪用公款严重影响生产、经营，造成严重损失等情形。

国家工作人员，因工作原因，客观上对公款进行“掌控”，如果不能时刻保持清醒的认识，擅自“因私”挪用公款，则构成挪用公款罪，受到法律的严惩，这是公款属于“公”的性质决定的。反观各类挪用公款犯罪，不但给国家或企业造成了重大资金风险和损失，同时也毁掉了自身的美好前程，给家庭亲情造成了难以弥补的伤害，令人痛心。掌握权力的个人，要加强价值观锤炼，时刻保持清醒的头脑，要明白自己只是某项权力的“搬运工”，不可将公权力私有化。“莫伸手，伸手必被捉”，侥幸心理要不得。“常在河边走，哪有不湿鞋”，以身试法，以身犯险，必然不会有好的结果。同时单位要从制度上规范权力运行轨迹，“绝对的权力导致失控的腐败”，权力的膨胀必然导致犯法的结果。“没有规矩，不成方圆”，完善的规章制度是减少职务犯罪的良方，权力必须在阳光下运行，只有这样，才能促进事业的发展，更能保护干部职工远离违法犯罪。

三、受贿罪

案例一

G 某原系某铁路局某车务段段长、某货运中心主任。2012 年 8 月至 2016 年 1 月间，G 某在本单位站房改造工程施工期间向施工方 Z 某索要工程回扣款人民币 25 万元，占为己有。同时，帮助 Z 某承揽本单位多项工程，先后四次收受 Z 某送给的现金人民币 27 万元。

法院判决

人民法院判决被告人G某犯受贿罪，判处有期徒刑三年，并处罚金人民币30万元。涉案赃款依法追缴，上缴国库。

法律规定

《刑法》第三百八十五条受贿罪规定，国家工作人员利用职务上的便利，索取他人财物的，或者非法收受他人财物，为他人谋取利益的，是受贿罪。

国家工作人员在经济往来中，违反国家规定，收受各种名义的回扣、手续费，归个人所有的，以受贿论处。

《刑法》第三百八十六条对犯受贿罪的处罚规定，对犯受贿罪的，根据受贿所得数额及情节，依照本法第三百八十三条的规定处罚。索贿的从重处罚。

依据《刑法》第三百八十三条的规定，对犯贪污罪的，根据情节轻重，分别依照下列规定处罚：（一）贪污数额较大或者有其他较重情节的，处三年以下有期徒刑或者拘役，并处罚金。（二）贪污数额巨大或者有其他严重情节的，处三年以上十年以下有期徒刑，并处罚金或者没收财产。（三）贪污数额特别巨大或者有其他特别严重情节的，处十年以上有期徒刑或者无期徒刑，并处罚金或者没收财产；数额特别巨大，并使国家和人民利益遭受特别重大损失的，处无期徒刑或者死刑，并处没收财产。对多次受贿未经处理的，按照累计贪污数额处罚。

条文理解

受贿罪是指国家工作人员利用职务上的便利，索取他人财物，或者非法收受他人财物，为他人谋取利益的行为。受贿罪主观方面为故意，其主体是特殊主体，即只能由国家工作人员构成。受贿罪的客体是国家工作人员的职务廉洁性，客观方面表现为利用职务上的便利，索取他人财物，或者非法收受他人财物，为他人谋取利益的行为。其中，“利用职务上的便利”，既包括利用本人职务上主管、负责、承办某项公共事务的职权，也包括利用职务上有隶属、制约关系的其他国家工作人员的职权。担任单位领导职务的国家工作人员通过不属自己主管的下级部门的国家工作人员的职务为他人谋取利益的，应当认定为“利用职务上的便利”为他人谋取利益。“为他人谋取利益”包括承诺、实施和实现三个阶段的行为。只要具有其中一个阶段的行为，如国家工作人员收受他人财物时，根据他人提出的具体请托事项，承诺为他人谋取利益的，就具备了为他人谋取利益的要件。明知他人有具体请托事项而收受其财物的，视为承诺为他人谋取利益。

人生有三大陷阱：大意、轻信、贪婪，只有慎独才能避免落入陷阱。个别党员职工心存特权思想，纪律意识淡漠，失去了党性，忘记了初心，放松自我要求，放弃自我监督，使自己逐步滑向违法犯罪的深渊。各级干部应该不忘初心、以身作则、廉洁奉公，严格遵守各项廉洁纪律和规定，不能利用组织给予的权力，将其作为自己谋利的工具，从事损公肥私的不法行为。

案例二

L 某原系某铁路局某贸易公司负责人。2006 年起，L 某利用职务上的便利，为多家公司提供业务上帮助，收受多个请托人财物共计人民币 185.603 万元。在受贿的同时，L 某还向某领导行贿人民币 19 万元。2013 年 6 月 L 某因涉嫌犯受贿罪被公安机关逮捕。

法院判决

人民法院判决被告人L某犯受贿罪，判处有期徒刑十一年；犯行贿罪，判处有期徒刑二年。决定执行有期徒刑十二年。受贿、行贿赃款，依法没收上缴国库。

法律规定

《刑法》第三百八十五条受贿罪规定，国家工作人员利用职务上的便利，索取他人财物的，或者非法收受他人财物，为他人谋取利益的，是受贿罪。

国家工作人员在经济往来中，违反国家规定，收受各种名义的回扣、手续费，归个人所有的，以受贿论处。

《刑法》第三百八十六条对犯受贿罪的处罚规定，对犯受贿罪的处罚规定，对犯受贿罪的，根据受贿所得数额及情节，依照本法第三百八十三条的规定处罚。索贿的从重处罚。

依据《刑法》第三百八十三条规定，（一）贪污数额较大或者有其他较重情节的，处三年以下有期徒刑或者拘役，并处罚金；（二）贪污数额巨大或者有其他严重情节的，处三年以上十年以下有期徒刑，并处罚金或者没收财产；（三）贪污数额特别巨大或者有其他特别严重情节的，处十年以上有期徒刑或者无期徒刑，并处罚金或者没收财产；数额特别巨大，并使国家和人民利益遭受特别重大损失的，处无期徒刑或者死刑，并处没收财产。对多次贪污未经处理的，按照累计贪污数额处罚。

《刑法》第三百八十九条行贿罪规定，为谋取不正当利益，给予国家工作人员以财物的，是行贿罪。

在经济往来中，违反国家规定，给予国家工作人员以财物，数额较大的，或者违反国家规定，给予国家工作人员以各种名义的回扣、手续费的，以行贿论处。

因被勒索给予国家工作人员以财物，没有获得不正当利益的，不是行贿。

条文理解

贿赂犯罪中的“财物”，包括货币、物品和财产性利益。财产性利益包括可以折算为货币的物质利益如房屋装修、债务免除等，以及需要支付货币的其他利益如会员服务、旅游等。后者的犯罪数额，以实际支付或者应当支付的数额计算。

根据《最高人民法院、最高人民检察院关于办理贪污贿赂刑事案件适用法律若干问题的解释》第一条规定，受贿数额在 3 万元以上不满 20 万元的，应当认定为“数额较大”；受贿数额在 1 万元以上不满 3 万元，具有下列情形之一的，应当认定为“其他较重情节”：（一）多次索贿的；（二）为他人谋取不正当利益，致使公共财产、国家和人民利益遭受损失的；（三）为他人谋取职务提拔、调整的；（四）曾因贪污、受贿、挪用公款受过党纪、行政处分的；（五）曾因故意犯罪受过刑事追究的；（六）赃款赃物用于非法活动的；（七）拒不交待赃款赃物去向或者拒不配合追缴工作，致使无法追缴的；（八）造成恶劣影响或者其他严重后果的。

贪污或者受贿数额在 20 万元以上不满 300 万元的，应当认定为“数额巨大”；受贿数额在 10 万元以上不满 20 万元，具有上述八种情形之一的，应当认定为“其他严重情节”。

贪污或者受贿数额在 300 万元以上的，应当认定为“数额特别巨大”；受贿数额在 150 万元以上不满 300 万元，具有上述八种情形之一的，应当认定为“其他特别严重情节”。

L 某受贿数额超过 150 万元且属于多次索贿，应当认定为“其他特别严重情节”。

蚁穴可溃千里之堤，切莫以恶小而为之。有一些人往往因为别人送的礼很薄，感觉收下也没什么了不起，就放松了警惕。其实，那些行贿者讲究循序渐进，多数是薄礼先行，打开局面；重礼随后，扩大战果，一步步把人拖下水。行贿者通常以较小的代价，取得交易机会，然后获取较大的利益。中国自古提倡做人立世，要对自己的人生负责。东汉名臣杨震，公正廉洁，风雅清正，志存高远，人称关西孔子。他曾推荐“贤人”王密做昌邑县（今山东金乡县）县令。一次，杨震因公事路过昌邑县，晚上下榻于馆驿。夜深人静之时，王密怀揣十金前往馆驿相赠，以谢杨震知遇之恩。杨震拒而不受。王密急切之下说，此时深夜，无人知矣。杨震正声而回答，做人岂可暗室亏心，举头三尺有神明，此事天知、地知、你知、我知，怎么说没有别人知呢？改造世界观，坚定理想信念不是一句空话，需要一生一世的学习和锤炼。每一个人只有树立正确的世界观、人生观、价值观，筑牢了思想道德防线，才能在改革开放和市场经济条件下以及复杂的社会环境中，不为物累，不为名惑，不为利迷，不为欲诱，始终保持清醒的头脑和高尚的道德情操，永远立于不败之地。

案例三

L 某原系某铁路局职工。2003 年至 2014 年间其在担任某铁路局某处高级工程师、检修科视察员期间，负责该局管内各机务段柴油机部分大部件的维修及投标企业维修资质审核工作。自 2012 年起，L 某利用职务之便，在该局柴油机增压器大修、集中修招投标过程中，接受本溪市某机车配件修理厂经理 Z 某请托，使该厂能够在资质不符的情况下，顺利通过招标审核并中标，L 某从中谋取不正当利益，多次非法收受 Z 某给予的贿赂款共计人民币 11.8 万元。

法院判决

人民法院判决被告人 L 某犯受贿罪，判处有期徒刑一年，缓刑二年，并处罚金人民币 30 万元；赃款人民币 11.8 万元予以没收并上缴国库。

法律规定

《刑法》第三百八十五条受贿罪规定，国家工作人员利用职务上的便利，索取他人财物的，或者非法收受他人财物，为他人谋取利益的，是受贿罪。

国家工作人员在经济往来中，违反国家规定，收受各种名义的回扣、手续费，归个人所有的，以受贿论处。

条文理解

对受贿罪中“为他人谋取利益”的认定，不要求为他人实现利益，只要求许诺（包括明示和暗示，也包括真实的和虚假的）为他人谋取利益，也即“为他人谋取利益”作为筹码，收受贿赂。这里的“他人”并不限于行贿人，可以是行贿人所指示或暗示的第三人，也不限于自然人，还可以是单位。“利益”既包括正当利益，也包括不正当利益。

国家工作人员接收了他人财物即为受贿罪的既遂，不要求取得财物的所有权。即使受贿后将财物用于公益事业，仍不影响受贿罪的认定。

警　示

权力是柄双刃剑，正确运用权力可以造福人民，不当动用权力则会祸国殃民、害人害己。私心和贪欲是万恶之源，私欲与权力的结合必然导致腐败。人如果放松了对私欲的控制，就会失去对权力的驾驭能力，缺失了对党纪国法的敬畏之心。若把职务当成享乐的资本，把权力当成私欲的工具，以致超越职权，滥用权力，权力的行使发生了偏差和错位，最终必然走向犯罪的深渊。国家工作人员应牢记“诱惑就在眼前、陷阱就在脚下、失足就在瞬间、教训就在身边”的警示，常修从政之德、常思贪欲之害、常弃非分之想、常怀律己之心，坚定理想信念，祛除私心杂念，自觉接受监督，用道德抵御诱惑、用制度规范决策、用法纪约束言行，坚决筑牢思想道德防线。在各种诱惑面前，要始终警钟长鸣、从严要求、防患未然。在感情上把握分寸；在行动上坚持原则；在生活上守住细节，远离奢靡生活，远离低级趣味。始终站稳脚跟，不越雷池半步，真正筑起拒腐防变的坚固堤防。

四、私分国有资产罪

案例

C某原系某铁路局某工务机械段车间主任。2007年，C某与多家工程公司商定，以签订虚假工程合同、截留工程款的方式，为车间积累账外资金。C某与车间党支部书记T某组织车间班子成员多次开会商议，将账外资金以“奖金”“劳务费”等名义向车间职工发放，共计人民币344万余元，C某个人贪污人民币100万元。

法院判决

人民法院判决被告人C某犯贪污罪，判处有期徒刑十年六个月；犯私分国有资产罪，判处有期徒刑二年，并处罚金人民币2万元；决定执行有期徒刑十一年六个月，并处罚金人民币2万元。人民法院判决被告人T某犯私分国有资产罪，判处有期徒刑一年六个月，并处罚金人民币1.5万元。

法律规定

《刑法》第三百九十六条私分国有资产罪规定，国家机关、国有公司、企业、事业单位、人民团体，违反国家规定，以单位名义将国有资产集体私分给个人，数额较大的，对其直接负责的主管人员和其他直接责任人员，处三年以下有期徒刑或者拘役，并处或者单处罚金；数额巨大的，处三年以上七年以下有期徒刑，并处罚金。

司法机关、行政执法机关违反国家规定，将应当上缴国家的罚没财物，以单位名义集体私分给个人的，依照前款的规定处罚。

《刑法》第三百八十二条贪污罪规定，国家工作人员利用职务上的便利，侵吞、窃取、骗取或者以其他手段非法占有公共财物的，是贪污罪。

受国家机关、国有公司、企业、事业单位、人民团体委托管理、经营国有财产的人员，利用职务上的便利，侵吞、窃取、骗取或者以其他手段非法占有国有财物的，以贪污罪论。

与前两款所列人员勾结，伙同贪污的，以共犯论处。

条文理解

私分国有资产罪主体是国家机关、国有公司、企业、事业单位、人民团体。本罪是单位犯罪，但根据法律规定只处罚私分国有资产的直接负责的主管人员和其他直接责任人员。本罪在主观方面是直接故意犯罪。行为须有明知是国有资产而故意违反国家规定，将其集体私分给个人的确定故意。如疏忽大意地误将国有资产当作企业资金加以集体私分者，不能成立本罪，情节严重者，可按有关渎职犯罪处理。

根据《最高人民检察院关于人民检察院直接受理立案侦查案件立案标准的规定（试行）》（高检发释字〔1999〕2号）规定，涉嫌私分国有资产，累计数额在10万元以上的，应予立案。

国有企业的领导干部和各级管理人员应当做到忠于职守、廉洁从业，严守党纪国法的红线，牢记初心和责任，正确认识和运用手中的权力，做到“法有禁止不可违”，任何时候都不能逾越法律的“红线”。

后　记

《铁路干部职工刑事法律风险防范警示案例》的编写，受到国铁集团领导高度重视，公司领导对编写工作作出重要指示。国铁集团企法部积极组织编写工作，精心设计，精益求精，力求形成一部内容充实、形式灵活、实用有效的普法读本。

国铁集团企法部魏南珍、韩潇、鲁尚、王全法同志负责编写组织工作。哈尔滨、北京、郑州、武汉、上海、南昌、广州、兰州局集团公司积极组织法律人员收集、撰写案例。国铁集团企法部对案例进行了审阅筛选，并组织力量对案例的结构、内容等进行了修改完善。参加案例撰写的人员有（按姓氏笔画排序）：马菁、王冉、王昔、王婧、王琳、王然、王国栋、王晨璐、古冶、巩靓、任博浩、刘韧、刘金娜、关鹏、孙春华、李炜、李家灵、杨弦、杨嵩峰、宋宇辉、张学、张占涛、张振平、陆逸峰、武萃贤、周瑀、宗蔚、赵银龙、姜和、姜顺德、洪卢宁、敖翔、桂聪、贾金根、郭志杰、唐元林、章程、彭曦、韩力宏、焦乾擎、曾丽、翟磊同志。同时，郑州局集团公司组织进行了插画绘制工作，参加插画绘制的人员有（按姓氏笔画排序）：亢筱涵、杨淑燕、赵艺扬、徐静、章程。以上人员对本书的出版付出了辛勤努力，在此一并表示感谢！

由于本书编写时间较短，可能存在不足、疏漏之处，敬请读者指正。

本书编委会

2021 年 4 月

图书在版编目（CIP）数据

铁路干部职工刑事法律风险防范警示案例 /《铁路干部职工刑事法律风险防范警示案例》编委会著．—北京：中国铁道出版社有限公司，2021.4（2023.9 重印）
ISBN 978-7-113-27710-9

Ⅰ．①铁… Ⅱ．①铁… Ⅲ．①铁路员工－刑事犯罪－风险管理－案例－中国 Ⅳ．① D924.115

中国版本图书馆 CIP 数据核字 (2021) 第 038491 号

书　　名：铁路干部职工刑事法律风险防范警示案例
作　　者：《铁路干部职工刑事法律风险防范警示案例》编委会

责任编辑：曾亚非　　　编辑部电话：（010）51873698　　　邮箱：zyfbooks@126.com
装帧设计：刘　莎
责任校对：焦桂荣
责任印制：赵星辰

出版发行：中国铁道出版社有限公司（100054，北京市西城区右安门西街 8 号）
网　　址：http://www.tdpress.com
印　　刷：中煤（北京）印务有限公司
版　　次：2021 年 4 月第 1 版　2023 年 9 月第 7 次印刷
开　　本：710 mm×1 000 mm　1/16　印张：11.25　　字数：140 千
书　　号：ISBN 978-7-113-27710-9
定　　价：45.00 元